COOK’S BIBLE

# Vegetarisch

COOK'S BIBLE

# Vegetarisch

FRISCH AUS DEM GARTEN

Parragon

Bath • New York • Singapore • Hong Kong • Cologne • Delhi
Melbourne • Amsterdam • Johannesburg • Auckland • Shenzhen

Layout: Talking Design
Lektoren: Nicola Graimes und Fiona Biggs
Fotos: Mike Cooper
Fachberatung: Lincoln Jefferson
Illustrationen: Coral Mula


Queen Street House
4 Queen Street
Bath BA1 1HE, UK

Produktion der deutschen Ausgabe:
trans texas publishing, Köln
Übersetzung: Anastasia Sioutis (für trans texas)
Satz: lesezeichen Verlagsdienste, Köln

ISBN 978-1-4454-4417-8
Printed in China

Hinweis
Sofern die Schale von Zitrusfrüchten benötigt wird, verwenden Sie unbedingt unbehandelte Früchte. Sind Zutaten in Löffeln angegeben, ist immer ein gestrichener Löffel gemeint: Ein Teelöffel entspricht 5 ml, ein Esslöffel 15 ml. Sofern nicht anders angegeben, wird Vollmilch (3,5% Fett) verwendet. Es sollte stets frisch gemahlener schwarzer Pfeffer verarbeitet werden. Bei Eiern und einzelnen Gemüsesorten, z. B. Kartoffeln, verwenden Sie mittelgroße Exemplare. Kinder, ältere Menschen, Schwangere, Kranke und Rekonvaleszenten sollten auf Gerichte mit rohen oder nur leicht gegarten Eiern verzichten. Die angegebenen Zeiten können von den tatsächlichen leicht abweichen, da je nach verwendeter Zubereitungsmethode und vorhandenem Herdtyp Schwankungen auftreten.

# INHALT

## PILZE & ZWIEBELGEWÄCHSE 112



## NÜSSE, SAMEN, HÜLSENFRÜCHTE & BOHNEN 148

# Einleitung

„Vegetarische Küche von A bis Z" ist ein umfangreiches Kochbuch zum Vorbereiten, Kochen und Servieren von vegetarischen Gerichten aller Art. Die Einführungen zu jedem Kapitel stellen Ihnen die vielfältigen Möglichkeiten der vegetarischen Küche vor. In zahlreichen Ländern stellt sie die Basis der alltäglichen Küche dar und ist alles andere als eine Modeerscheinung. So finden Sie in diesem Buch Rezepte aus den Küchen von Nordafrika bis nach China, aber es dürfen auch vegetarische Interpretationen beliebter Klassiker nicht fehlen. Es ist für jede Gelegenheit etwas Passendes dabei – von Snacks und Dips bis zu herzhaften Hauptmahlzeiten, von köstlichen, frischen Salaten bis zu deftigen Eintöpfen.

# Was ist vegetarische Ernährung?

Millionen Menschen auf der ganzen Welt erfreuen sich an der vegetarischen Küche, die größtenteils auf pflanzlicher Ernährung beruht und so vielfältig ist wie das Obst- und Gemüseangebot auf einem Wochenmarkt.

Ein Vegetarier nimmt weder Fleisch, Geflügel, Wild, Fisch, Meeresfrüchte noch Nebenprodukte der Fleischproduktion, wie Gelatine oder tierische Fette, zu sich. Die meisten Vegetarier beziehen die benötigten Nährstoffe aus Früchten, Gemüse, Getreide, Nüssen, Hülsenfrüchten und Samen. Einige Vegetarier nehmen auch Milchprodukte und Eier zu sich. Während manche diese Entscheidung aus ethischen oder religiösen Gründen treffen, genießen andere einfach die kulinarischen Freuden des abwechslungsreichen vegetarischen Essens. Die Zahl der Vegetarier nimmt seit Jahren ständig zu und die vegetarische Küche wird nicht mehr nur mit einem alternativen Lebensstil in Verbindung gebracht. Wenn Sie sich für die vegetarische Küche interessieren, wird die Vielfalt der Rezepte in diesem Buch Ihnen die Entscheidung leicht machen.

### Verschiedene Arten der vegetarischen Ernährung

Die vegetarische Küche ist so vielfältig wie die Zutaten, die sie verwendet. Die folgenden bekannten vegetarischen Ernährungsformen zeigen, dass es auch diesbezüglich vielfältige Varianten gibt:

**Pescetarier –** Für viele Menschen ist dies der erste Schritt, um sich später komplett vegetarisch zu ernähren. Pescetarier meiden Fleisch und Geflügel, essen aber Fisch und Meeresfrüchte.

**Frutarier –** Diese Vegetarier ernähren sich ausschließlich von pflanzlichen Produkten, wie Früchten, Getreide und Nüssen, bei denen die Pflanzen bei der Ernte nicht zerstört werden.

**Lacto-Vegetarier –** Diese verzehren Milchprodukte, jedoch keine Eier. Käse, Milch und Joghurt sind erlaubt.

**Ovo-Lacto-Vegetarier –** Sie nehmen sowohl Eier als auch Milchprodukte zu sich. Dies eröffnet beim Kochen eine größere Vielfalt. Alle Rezepte in diesem Buch sind für diese vegetarische Ernährungsform geeignet.

**Makrobiotische Ernährung –** Diese Lebensweise hat meist spirituelle oder philosophische Gründe. Fleisch, Milchprodukte und Eier werden gemieden. Die Lebensmittel werden nach Yin und Yang eingeteilt, und es wird darauf geachtet, dass das Gleichgewicht stimmt.

**Veganer –** Die vegane Ernährung geht so weit, dass Fleisch, Milch, Eier, Gelatine und Honig abgelehnt werden. Bei allen Alltagsgegenständen, vor allen Dingen der Kleidung, wird darauf geachtet, dass keine Tierprodukte verwendet wurden. Asiatische Wokgerichte und Currys sind bei Veganern sehr beliebt, da sie meist mit Reis, Reisnudeln und Mungbohnennudeln serviert werden, die keine Eier enthalten.

### Ausschließlich vegetarisch?

Falls Sie sich erst seit Kurzem fleischlos ernähren, wird es Sie beruhigen, zu lesen, dass die meisten vertrauten Gerichte auch vegetarisch gekocht werden können und Sie nicht allzu viel in Ihrem Speiseplan verändern müssen – vor allem als Ovo-Lacto-Vegetarier. Schreiben Sie eine Liste Ihrer liebsten Gerichte und Sie werden feststellen, dass vieles auch zu Ihrer neuen Ernährungsform passt, wie Eieromelett, getoastete Käsesandwiches usw. In diesem Buch finden Sie viele Rezepte wieder, die Sie auch als Fleischesser mochten und die Sie nur ein wenig verändern müssen, damit sie in Ihren vegetarischen Speiseplan passen. Dazu gehören Pastasalat mit Paprika, Pilz-Estragon-Suppe, Pasta mit Pesto oder geröstetes Wurzelgemüse. Sie werden sehr bald feststellen, dass das Vorurteil, Vegetarier würden nur Wildreis und Salatblätter essen, sehr veraltet und nicht zutreffend ist.

Falls die vegetarische Ernährung für Sie eine radikale Veränderung Ihrer Ernährungsgewohnheiten bedeutet, dann gehen Sie schrittweise vor. Es ist nicht so einfach, lebenslange Essgewohnheiten über Nacht zu ändern. Versuchen Sie für ein paar Wochen, kein rotes Fleisch zu essen, dann verzichten Sie auf Fisch und Meeresfrüchte und schließlich auch auf Geflügel.

Falls Sie möchten, können Sie dann Milchprodukte oder Eier schrittweise aus Ihrem Speiseplan verbannen. Dies ist die beste Vorgehensweise, um Heißhungerattacken auf tierische Produkte zu vermeiden.

# Die Vorteile für die Gesundheit

Der Mensch hat sich schon immer hauptsächlich von Pflanzen ernährt, und auch heutzutage nimmt ein Großteil der Weltbevölkerung vegetarische oder fast ausschließlich vegetarische Nahrung zu sich. Immer mehr Menschen verzichten auf Fleisch. Häufig sind es religiöse Gründe, oder es besteht der Wunsch, sich gesünder zu ernähren. Die Fleischskandale der letzten Zeit sind daran sicherlich nicht ganz unschuldig. Auch finanzielle Gründe können für eine Ernährung ohne Fleisch sprechen. Für viele Menschen ist die fleischfreie Kost eine ethische Entscheidung, da sie nicht möchten, dass Tiere getötet werden.

Unter der großen Auswahl der vegetarischen Rezepte in diesem Buch können Sie sowohl Klassiker der westlichen Küche als auch wundervolle Gerichte aus allen Teilen der Welt entdecken. In Indien und China ernährt sich ein Großteil der Bevölkerung vegetarisch, weshalb die jeweiligen Küchen auch eine sehr große Bandbreite an köstlichen fleischlosen Gerichten haben. Sie werden in diesem Buch aber auch Rezepte aus Afrika, Südostasien, dem Nahen Osten und den Mittelmeerländern finden.

## Körperliche Auswirkungen

Ein großer Vorteil der vegetarischen Ernährung liegt darin, dass man recht wenige gesättigte Fettsäuren zu sich nimmt, die zu Herz- und Gefäßerkrankungen führen können.

Leider ist die vegetarische Ernährung allein noch kein Garant für eine gute Gesundheit. Wenn Sie Fleisch lediglich durch vollfette Milch oder Käse ersetzen, nehmen Sie weiterhin zu viele gesättigte Fettsäuren auf. Und wenn Sie sich nur von braunem Reis, Tofu und Bohnensprossen ernähren, erhalten Sie nicht die notwendigen Nährstoffe, die Ihr Körper unbedingt braucht, um gesund und fit zu bleiben.

Eine vegetarische Küche macht es auf jeden Fall einfacher, Ernährungsempfehlungen einzuhalten, denn als Vegetarier nehmen Sie die empfohlenen fünf Portionen Obst und Gemüse pro Tag auf jeden Fall zu sich, und schlechte Ernährungsgewohnheiten lassen sich von vornherein vermeiden. Durch eine abwechslungsreiche fleischlose Ernährung nehmen Sie zudem viele Ballaststoffe zu sich, die Verstopfungen und Darmkrankheiten vorbeugen. Auch Fettleibigkeit, die zu vielen gesundheitlichen Risiken führt, ist unter Vegetariern weniger verbreitet als unter Menschen, die Fleisch essen.

Alle Ernährungsberater sind sich einig, dass man mindestens fünf Portionen – das sind in etwa 400 g – Obst und Gemüse am Tag zu sich nehmen sollte. Pflanzliche Nahrung ist voller Nährstoffe, dazu gehören die B-Vitamine, die sehr wichtig für das Nervensystem und den Energiestoffwechsel sind, und Vitamin C, das das Immunsystem stärkt. Diese Antioxidantien bewahren Sie nicht nur vor Krankheiten, sondern wirken vielen Alterserscheinungen entgegen, da sie die Zahl der freien Radikale im Körper reduzieren. Diese sind Stoffwechselprodukte, die durch Stress, UV-Strahlung, Nikotin- und Alkoholkonsum oder Umweltbelastungen im Körper verstärkt gebildet werden und die Zellen altern lassen. Eine vorwiegend pflanzliche Ernährung schützt Sie, und Sie fühlen sich gut damit.

## Eine religiöse Entscheidung

Vielen Hindus, Buddhisten, Sikhs und Jainas ist es aus religiösen Gründen nicht gestattet, Fleisch zu essen. Einige Menschen verzichten auch auf schwer verdauliches Essen, wie beispielsweise rotes Fleisch, weil sie glauben, dass dadurch ihr Bewusstsein gestärkt wird.

**Eine Entscheidung des Lebensstils**
In Zeiten von BSE, Vogelgrippe oder Gammelfleischskandalen verzichten einige Menschen bewusst auf Fleisch, weil ihnen die Risiken zu groß sind. Auch verringert eine fleischlose Ernährung die Gefahr einer Infektion durch Escherichia-coli-Bakterien und Salmonellen erheblich.

**Hygiene**
Rein pflanzliche Ernährung ist keine Garantie für Gesundheit. Hygiene ist in der vegetarischen Küche genauso wichtig wie beim Kochen mit tierischen Produkten. Sollten Sie nicht nur Bio-Produkte verwenden, dann ist es wichtig, dass Obst und Gemüse vor dem Kochen sehr gut abgewaschen oder geschält werden, um jegliche Rückstände von Pestiziden zu entfernen.

**Vitamine für Veganer**
Wer sich vegan ernähren möchte, sollte zuerst einen Allgemeinmediziner oder Ernährungsberater konsultieren und sich beraten lassen. Das wichtige Vitamin $B_{12}$ wird in einer veganen Ernährungsweise so gut wie gar nicht natürlich zu sich genommen. Veganer sollten daher erwägen, zusätzliche Vitamin-$B_{12}$-Präparate einzunehmen oder ausreichend Sojaprodukte mit zugesetztem Vitamin $B_{12}$ zu verzehren.

# Die Bedeutung einer ausgewogenen Ernährung

Vegetarier müssen, wie Fleischesser auch, darauf achten, dass sie genügend Nährstoffe zu sich nehmen, um ihren Körper fit und gesund zu halten. Bei einer ausgewogenen und abwechslungsreichen Ernährung kann man dies auf natürlichem Wege erreichen. Wenn auf Ihrem Teller grünes, rotes, gelbes und orangefarbenes Obst und Gemüse zu finden ist, dann nehmen Sie sehr wahrscheinlich alle nötigen Nährstoffe auf. Falls auf Ihrem Teller immer nur beigebraune Speisen vertreten sind, dann muss der Speiseplan überdacht werden. Rote-Bete-Salat, Radiatori mit Kürbissauce, Karotten-Orangen-Pfanne und Süßkartoffelsuppe mit Apfel und Porree sind nur ein paar farbenfrohe Rezepte, die Sie auf den richtigen Weg bringen.

### Gesunde Abwechslung

Vegetarierverbände empfehlen die folgende Lebensmittelauswahl für Ihren Speiseplan:

- 4–5 Portionen Obst und Gemüse
- 3–4 Portionen Getreideprodukte oder Kartoffeln
- 2–3 Portionen Nüsse, Samen oder Hülsenfrüchte
- 2 Portionen Milch, Käse, Eier oder Sojaprodukte
- eine kleine Menge Pflanzenöl, Margarine oder Butter
- etwas Hefeextrakt (viele B-Vitamine und hochwertiges Eiweiß)

Das erscheint auf den ersten Blick sehr viel, ist es aber nicht. Ein Gericht wie die Crêpes mit Porree und Ziegenkäse enthält mindestens eine Portion von vier der oben genannten Kategorien. Wenn Sie als Snack jetzt noch Kartoffelspalten mit etwas geriebenem Käse essen, haben Sie die täglichen Empfehlungen bereits erfüllt.

### Die Nährstoffe im Essen

Unsere Nahrung setzt sich aus Proteinen, Kohlenhydraten und Fetten zusammen – wenn Sie diese Nährstoffe ausgewogen kombinieren, dann ernähren Sie sich gesund. Proteine, auch Eiweiße genannt, bestehen aus Aminosäuren und sind für alle lebenserhaltenden Funktionen unseres Körpers zuständig. Die Sojabohne ist, außer den tierischen Produkten, das einzige Nahrungsmittel, das alle wichtigen Aminosäuregruppen enthält. Falls Sie kein Ovo-Lacto-Vegetarier sind, ist es enorm wichtig, dass Sie genügend Proteine zu sich nehmen. Gute Proteinquellen sind Tofu, Sojamilch, Hülsenfrüchte, Vollkornprodukte, Nüsse und Samen, Butter, Käse, Kuhmilch und Eier. Gut kombiniert, bieten sie dem Körper alle erforderlichen Proteine.

Kohlenhydrate geben dem Körper die benötigte Energie. Man unterscheidet zwischen einfachen Kohlenhydraten (Einfachzucker) und komplexen Kohlenhydraten (Mehrfachzucker). Die komplexen Kohlenhydrate besitzen einen besseren Nährstoffgehalt als die einfachen, da sie zusätzlich Vitamine, Mineralien und Ballaststoffe enthalten und die Energie langsamer an den Körper abgeben. Sie sind beispielsweise in der Süßkartoffelsuppe mit Apfel und Porree und dem Kichererbseneintopf enthalten und bewirken

## Wie viel ist eine Portion?

- 100 ml Fruchtsaft (nur ein Glas pro Tag zählt als eine Portion)
- 1 mittelgroße Frucht oder 1 Stück Gemüse, z. B. 1 Apfel, 1 Orange, 1 Zwiebel
- 3 gehäufte Esslöffel frischer oder Obstsalat aus der Dose, Karotte oder Pilze in Scheiben oder gegarte Linsen
- 1 Esslöffel Rosinen oder Korinthen, 4 getrocknete Aprikosen oder eine Handvoll Bananenchips

einen länger andauernden Sättigungseffekt. Gute Quellen für komplexe Kohlenhydrate sind fast alle Obst- und Gemüsesorten, vor allem Wurzelgemüse, Kartoffeln, Bananen, Hülsenfrüchte, Vollkornprodukte, Reis und Nudeln.

Obwohl eine sehr fettreduzierte Ernährung in Mode gekommen ist, sollten Sie darauf achten, jeden Tag auch etwas Fett zu sich zu nehmen, da Ihr Körper dies benötigt. Die meisten tierischen Fette bestehen aus gesättigten Fettsäuren und werden gemeinhin als „schlechte Fette" bezeichnet, da sie Gefäßkrankheiten verursachen können. Einfach oder mehrfach ungesättigte Fettsäuren werden als „gute Fette" bezeichnet, da sie pflanzlichen Ursprungs sind. Dazu gehören Oliven- und Sonnenblumenöl und andere Pflanzenöle, die Sie hauptsächlich zum Kochen und für Salate verwenden sollten.

Einer der Vorteile der vegetarischen Ernährung liegt darin, dass die meisten Obst- und Gemüsesorten sehr wenige gesättigte Fettsäuren enthalten. Avocados, Oliven, Nüsse und Samen enthalten zwar viele, aber nur „gute" Fette. Einfach oder mehrfach ungesättigte Fettsäuren sind immer pflanzlichen Ursprungs. Meiden Sie jedoch Palmkern- oder Kokosfette, da diese eine hohe Anzahl an gesättigten Fettsäuren enthalten.

# Lebenswichtige Vitamine und Mineralstoffe

| VITAMIN/MINERALSTOFF | FUNKTION | GUTE VEGETARISCHE QUELLEN | MANGEL-ERSCHEINUNGEN |
|---|---|---|---|
| **VITAMIN A** (als Retinol in tierischen Lebensmitteln und Beta Carotin in pflanzlichen Lebensmitteln) | Es ist unerlässlich für gesunde Augen, das Wachstum der Knochen und die Bildung von Haut. Betacarotin ist ein natürliches Antioxidans und stärkt das Immunsystem. | Milchprodukte, Eigelb, Margarine, Karotten, (getrocknete) Aprikosen, Kürbis, rote Paprika, Brokkoli, Blattgemüse, Mango und Süßkartoffeln | Nachtblindheit, Wachstumsstörungen, trockene Haut, geschwächtes Immunsystem |
| **VITAMIN B1** (Thiamin) | Wichtig im Kohlenhydratstoffwechsel, ist an der Energiegewinnung in den Körperzellen beteiligt, auf die insbesondere Nerven und Muskeln angewiesen sind. | Vollkornprodukte, Sojabohnen, Pistazien, Paranüsse, Sonnenblumenkerne, Erdnüsse, Reis und Kleie | Depressionen, Reizbarkeit, nervöse Störungen, Gedächtnisverlust. Häufig bei Alkoholikern. |
| **VITAMIN B2** (Riboflavin) | Wichtig für die Energiegewinnung im Körper, gesunde Haut und für das Gewebewachstum | Käse, Eier, Joghurt, Müsli, Hefeextrakt, Mandeln, Vollkornbrot, Pilze, Pflaumen, Cashew- und Kürbiskerne | Müdigkeit, Hautprobleme, trockene und rissige Lippen, Taubheitsgefühl und juckende Augen |
| **VITAMIN B3** (Niacin) | Wichtig zur Energiegewinnung im Körper und für einen gesunden Stoffwechsel, bildet Botenstoffe im Gehirn und trägt zur Gesunderhaltung der Haut bei. | Hülsenfrüchte, Hefeextrakt, Kartoffeln, Weizenkleie, Erdnüsse, Käse, Eier, Pilze, Blattgemüse, Feigen, Pflaumen und Sesamsaat | Mangelerscheinungen sind eher selten. Es kann zu Antriebslosigkeit, Depressionen und schuppiger Haut kommen. |
| **VITAMIN B6** (Pyridoxin) | Wichtig für Eiweißstoffwechsel, zur Energiegewinnung im Kohlenhydratstoffwechsel, beteiligt an der Bildung roter Blutkörperchen, für ein gesundes Immunsystem. | Eier, Weizenkleie, Vollkornmehl, Hefeextrakt, Müsli, Erdnüsse, Bananen, Beeren und Linsen | Durchfall, Erbrechen, Dermatitis und Depressionen |
| **VITAMIN B12** (Cobalamine) | Für die Zellbildung roter Blutkörperchen und Nervenzellen, beteiligt am Aufbau der DNA. | Nur in tierischen und mikrobiell veränderten Lebensmitteln, z. B. in Milchprodukten, Eiern, Käse, Hefeextrakt, Sauerkraut | Erschöpfungszustände, neurologische Erkrankungen, Atemnot und perniziöse Anämie |
| **FOLSÄURE** | Notwendig zur Bildung von roten Blutkörperchen und der DNA. Bei einer Schwangerschaft wird zusätzliche Folsäure benötigt, da es sonst zum Neuralrohrdefekt bei Säuglingen führen kann. | Blattgemüse, Brokkoli, Brot, Nüsse, Hülsenfrüchte, Bananen, Hefeextrakt und Spargel | Appetitmangel, megaloblastische Anämie und Neuralrohrdefekt bei Neugeborenen |
| **VITAMIN C** (Ascorbinsäure) | Für gesunde Haut, Zähne, Zahnfleisch und Knochen, die Energiegewinnung und das Wachstum; stärkt das Immunsystem. | Zitrusfrüchte, Melonen, Erdbeeren, Tomaten, Brokkoli, Kartoffeln, Paprika und Blattgemüse | Erhöhte Infektanfälligkeit, Leistungsschwäche und Depression |
| **VITAMIN D** | Notwendig für gesunde Zähne und Knochen; reguliert die Aufnahme von Calcium und Phosphor | Der Körper produziert selber Vitamin D bei Sonnenbestrahlung. Pflanzenmargarine, Avocado, Milchprodukte, Eier und Fisch | Knochen- und Muskelschwächung. Längerer Mangel verursacht Knochenerweichung. |

| VITAMIN/MINERALSTOFF | FUNKTION | GUTE VEGETARISCHE QUELLEN | MANGEL-ERSCHEINUNGEN |
|---|---|---|---|
| **VITAMIN E** (Tocopherol) | Wichtig für eine gesunde Haut, die Blutzirkulation und den Zellschutz. Es wirkt als starkes Antioxidans gemeinsam mit dem Betacarotin und Vitamin C. | Samen, Weizenkeime, Nüsse, Pflanzenöle, Eier, Vollkornbrot, Blattgemüse, Haferkleie und Avocado | Bei extremer Unterversorgung kommt es zu Muskelschwäche, Konzentrationsstörungen und trockener, faltiger Haut. |
| **VITAMIN K** | Wichtig für die Blutgerinnung | Spinat, Weißkohl und Blumenkohl | Sehr selten: Störungen der Blutgerinnung |
| **CALCIUM** | Dient dem Aufbau und Erhalt der Knochen und Zähne, wichtig für die Muskelfunktion und das Nervensystem. | Milchprodukte, Blattgemüse, Sesamsaat, Brokkoli, Trocken-, Hülsenfrüchte, Mandeln, Spinat, Brunnenkresse, Tofu | Geringe Knochendichte, Osteoporose, Muskelschwäche |
| **EISEN** | wichtiger Bestandteil des Hämoglobins, das den Sauerstoff im Blut transportiert | Eigelb, Blattgemüse, Nüsse, Samen, Hülsenfrüchte, Vollkornprodukte, Tofu, dunkler Zuckerrübensirup und naturbelassener Reis | Anämie, Antriebsschwäche und Infektanfälligkeit |
| **KALIUM** | Gleicht den Wasserhaushalt des Körpers aus, wichtig für Steuerung der Muskeltätigkeit und die Reizleitung von Nervenzellen. | Bananen, Milch, Hülsenfrüchte, Nüsse, Samen, Vollkornprodukte, Kartoffeln, Früchte und Wurzelgemüse | Muskelschwäche, Konzentrationsschwäche, Herzrhythmusstörungen |
| **MAGNESIUM** | Notwendig für gesunde Muskeln, Knochen und Zähne, für das Wachstum und die Energiegewinnung im Körper | Nüsse, Samen, Vollkornprodukte, Hülsenfrüchte, Tofu, getrocknete Feigen, getrocknete Aprikosen, Mineralwasser und grünes Gemüse | Muskelzittern und Krämpfe, Konzentrationsschwäche und Depression |
| **PHOSPHOR** | Notwendig für gesunde Knochen und Zähne, für die Muskelfunktion, Energiegewinnung und die Aufnahme von Calcium | Alle Milchprodukte, Eier, Nüsse, Samen, Hülsenfrüchte und Vollkornprodukte | Ein Mangel ist sehr unwahrscheinlich. |
| **SELEN** | Schützt den Körper vor freien Radikalen, stärkt die Immunabwehr, gesunde Haare und Haut. | Avocados, Linsen, Milch, Käse, Vollkornbrot, Cashew- und Sonnenblumenkerne, Walnüsse und Algen | Immunschwäche und Störungen der Muskelfunktion |
| **ZINK** | Für ein gesundes Immunsystem, Zell- und Gewebewachstum und damit die Wundheilung | Erdnüsse, Milchprodukte, Eier, Vollkornprodukte, Sonnenblumen- und Kürbiskerne, Hülsenfrüchte und Weizenkeime | Wachstumsstörungen, verzögerte Wundheilung, vermindertes Geschmacks- und Geruchsempfinden |

# Die Planung der Mahlzeiten

Der Schlüssel zu einer gesunden Ernährung ist die Vielfalt. Eine ausgewogene Mahlzeit vereint Kohlenhydrate, Proteine, Ballaststoffe, ungesättigte Fettsäuren, Vitamine und Mineralien. So versorgt die ideale Mahlzeit den Körper nur mit benötigter Energie, sodass man nicht zunimmt.

**Eine ausgewogene Mahlzeit**

Jede Mahlzeit sollte ein Protein- (Eier, Milchprodukte, Hülsenfrüchte, Tofu, Nüsse oder Samen) und ein Kohlenhydratelement (Nudeln, Reis, Vollkornprodukte und Brot) enthalten. Trotz der mittlerweile sehr beliebten kohlenhydratarmen Ernährung wird empfohlen, dass mindestens 50% einer Mahlzeit aus Kohlenhydraten bestehen sollten. Bedenken Sie auch, dass die meisten Lebensmittel, wie Hülsenfrüchte und Vollkornprodukte, eine Kombination aus Proteinen und Kohlenhydraten sind. Eine maßvolle Menge an Fett ist für eine gesunde Ernährung und auch für den Geschmack wichtig. Achten Sie aber darauf, dass Sie höchstens 30% der täglichen Kalorienzufuhr in Form von Fetten, am besten mehrfach ungesättigten Fettsäuren, zu sich nehmen.

Versuchen Sie zwei unterschiedlich gegarte Gemüsesorten bei jeder Hauptmahlzeit auf den Tisch zu bringen. Dabei ist Dampfgegartes, Gebackenes oder Pfannengerührtes dem gekochten Gemüse vorzuziehen. Sie können auch einen Salat zubereiten, der Gemüse und Salatblätter enthält wie Rucola, Brunnenkresse, Spinat, Rote Bete, Avocado, Tomaten und Karotten. Obst und fruchtige Desserts bilden einen wunderbaren und gesunden Abschluss einer Mahlzeit und sind ein gesunder, fettarmer Snack für Zwischendurch.

Kochen Sie nicht jede Woche die gleichen Gerichte. Probieren Sie doch mal ungewohnte Lebensmittel und Rezepte aus. Überlegen Sie *vor* jedem Wocheneinkauf, was Sie kochen wollen und machen Sie eine Liste. So können Sie sichergehen, dass Sie in den nächsten Tagen die richtige Auswahl an passenden Lebensmitteln im Haus haben.

Es ist ein weit verbreiteter Irrglaube, dass Vegetarier zu jeder Mahlzeit zusätzliche Proteinpräparate einnehmen müssen, um ihren Aminosäurenhaushalt im Gleichgewicht zu halten. Nach neuesten Erkenntnissen reicht es durchaus, jeden Tag eine Auswahl an proteinreichen vegetarischen Lebensmitteln zu sich zu nehmen.

## Vegetarische Ernährung bei Kindern

Es gibt keinen Grund, warum Kinder sich nicht auch vegetarisch ernähren sollten – solange die Ernährung nicht nur auf Nuss-Nougat-Creme-Broten und Pommes Frites basiert. Kinder haben einen etwas anderen Nährstoffbedarf als Erwachsene. Kleinkinder haben Probleme bei der Verdauung von größeren Ballaststoffmengen. Dies kann zu Magenschmerzen führen und zu mangelhafter Nährstoffversorgung, da sie sich viel zu schnell gesättigt fühlen, ohne die benötigten Nährstoffe oder Kalorien aufgenommen zu haben. Auch führt eine zu große Aufnahme von Ballaststoffen bei Kindern dazu, dass nicht genügend Eisen, Zink und Calcium aufgenommen werden.

Fettarme oder gar entrahmte Milchprodukte enthalten nicht die gewünschte Anzahl an Kalorien, die Kinder bis zum zweiten Lebensjahr brauchen, und sollten deshalb nur bei älteren Kindern verwendet werden. Bei Kindern ist es besonders wichtig, dass sie fünf Portionen Obst und Gemüse am Tag zu sich nehmen. Am besten sind drei Portionen Früchte und zwei Portionen Gemüse. Bieten Sie Ihren Kindern drei Hauptmahlzeiten am Tag und zwei gesunde Snacks für Zwischendurch an.

## Vorsicht

Es ist ratsam, die Etiketten verarbeiteter Lebensmittel genau zu lesen. Achten Sie auf folgende Produkte.

**Alkohol**
Für das Klären von Alkohol werden manchmal tierische Produkte verwendet. Biere, die im Fass gelagert werden, sowie einige in Flaschen oder Dosen abgefüllte Stark- oder Dunkelbiersorten und Weine werden mit Hausenblase geklärt, die aus den Schwimmblasen bestimmter Störarten gewonnen wird. Wein kann auch mit Hausenblase, Gelatine oder Chitin, das aus den Schalen von Krebsen und Krabben stammt, geklärt worden sein. Vegetarische Alternativen bei der Klärung sind Kieselerde, Kieselgur, Kaolin (Porzellanerde) und Silica-Gel (Kieselgel).

**Aspik**
Aspik ist ein eher herzhaftes Gelee, das aus Fleisch- oder Fischprodukten gewonnen wird.

**Eier**
Eier sind natürlich auch tierische Produkte. Fertige Mayonnaise oder Nudeln können Eier aus Legebatterien enthalten. Kaufen Sie möglichst Bio-Eier.

**Eiweiß**
Stammt meist aus Legebatterien.

**Gelee**
Gelee wird normalerweise aus Gelatine hergestellt, die aus tierischen Produkten gewonnen wird. Es gibt aber auch vegetarische Alternativen, die aus Agar-Agar oder Guarkernmehl bestehen.

**Getränke ohne Alkohol**
Gelbe Limonaden können Gelatine enthalten. Sie bindet das als Farbstoff verwendete Betacarotin.

**Joghurt, Crème fraîche, Frischkäse und Eiscreme**
Einige fettreduzierte Sorten enthalten Gelatine.

**Käse**
Bei der Produktion vieler Käsesorten wird Lab verwendet, ein Enzym aus Kälbermägen. Vegetarischer Käse wird dagegen mithilfe von Mikroben oder Pilzenzymen hergestellt.

**Margarine**
In Margarine sind oft Vitamin D3, Fette, Gelatine, Molke und weitere Zusatzstoffe tierischen Ursprungs.

**Saucen**
Saucen, vor allem dunkle Bratensaucen, werden aus Fleischsaft hergestellt. Es gibt vegetarische Varianten.

**Suppen**
Suppen können tierische Brühe und Fette enthalten.

**Süßigkeiten**
Diese enthalten oft Gelatine, E120 (Cochenille) oder tierisches Fett.

**Talg**
Talg ist tierisches Fett. Es gibt vegetarische Varianten.

**Tierische Fette**
Tierische Fette werden manchmal bei der Herstellung von Brühe, Eiscreme, Gebäck, Margarine, Pommes Frites und Fertigmahlzeiten verwendet. Sogenanntes Speisefett enthält oft tierische Fette.

**Worcestersauce**
Die meisten Marken enthalten Anchovis. Mittlerweile gibt es auch vegetarische Sorten.

**Zusatzstoffe**
Diese beinhalten Emulgatoren, Farb- und Geschmacksstoffe, die selten auf pflanzlicher Basis hergestellt werden. Zwei der gängigsten sind E441 (Gelatine), die meist aus tierischen Produkten gewonnen wird, und E120 (Cochenille = getrocknete und gemahlene Schildlaus).

*(Quelle: The Vegetarian Society of Great Britain)*

# Gemüse

Das Herzstück der vegetarischen Küche bilden natürlich die zahlreichen aromatischen, bunten Gemüsesorten. Sie enthalten Vitamine, Mineral- und Ballaststoffe und sind auf vielfältige Weise zuzubereiten. Man kann Gemüse gebacken, gekocht, frittiert, dampfgegart oder auch als Rohkost genießen. Es gibt keinen Grund, warum ein vegetarisches Essen farblos oder trist sein sollte.

**Wurzel- und Stängelgemüse**
*Artischocken, Spargel, Bohnensprossen, Rote Bete, Karotten, Fenchel, Kartoffeln und Süßkartoffeln*

Wurzelgemüse macht nicht nur Suppen, Eintöpfe oder Gebratenes gehaltvoller und herzhafter, sondern ist auch eine wunderbare Salatzutat. Es enthält viele Nährstoffe und komplexe Kohlenhydrate, die den Körper den ganzen Tag mit der nötigen Energie versorgen. Bohnensprossen können für Pfannengerührtes und Salate verwendet werden. Rote Bete, Karotten, Fenchel, Kartoffeln und Süßkartoffeln sollten beim Kauf fest und ohne Beschädigungen sein.

Auch Spargel und Stangensellerie sollte fest und knackig sein. Bohnensprossen sollten eine cremig-weiße Farbe und zudem keine braunen Flecken aufweisen.

**Kürbis und Gemüsefrüchte**
*Auberginen, Avocados, Gurken, Kürbis, Paprika, Tomate und Zucchini*

Schon die leuchtenden Farben dieser Gemüsesorten verraten, dass sie sehr gesund sind. Alle oben genannten Gemüsesorten sind aus botanischer Sicht eigentlich Früchte, da sie die Samen der Pflanzen, an denen sie wachsen, in sich tragen. Alle Gemüsefrüchte, außer vielleicht Avocados und Gurken, können gebacken, gekocht, geröstet und pfannengerührt werden. Avocados, Gurken, Paprika und Tomaten ergeben wunderbare Salate und können auch roh verzehrt werden.

Kaufen Sie nur festes Gemüse mit unbeschädigter Haut. Es kann im Kühlschrank etwa eine Woche gelagert werden, außer Avocados, die nur maximal zwei Tage im Kühlschrank gelagert werden dürfen.

**Zwiebelgemüse und Pilze**
*Knoblauch, Porree, Zucht- und Wildpilze, Zwiebeln*

Köche wären ohne diese Zutaten verloren, denn die verschiedenen Arten von Zwiebelgemüse und Pilzen geben vielen Gerichten ein wunderbares Aroma – von der Brühe bis zum Auflauf. Roher Knoblauch und Zwiebeln haben ein sehr scharfes und kräftiges Aroma und entwickeln beim Garen eine aromatische Süße. Rote Zwiebeln und Frühlingszwiebeln sind etwas milder und eignen sich besser für den rohen Verzehr.

Falls Ihnen Zuchtchampignons zu fad schmecken, dann ersetzen Sie sie durch Wildpilze, die meist ein kräftigeres Aroma haben. Champignons eignen sich nicht nur zum Kochen, sondern auch als Rohkost in einem bunten Salat.

Achten Sie beim Kauf darauf, dass sich Zwiebeln und Knoblauch fest anfühlen, mit einer trockenen papierähnlichen Haut überzogen sind und keine Triebe ausgebildet haben. Auch Porree und Frühlingszwiebeln sollten sich fest anfühlen, ein schönes weißes Ende haben und frisch aussehende, leuchtend grüne Blätter. Frühlingszwiebeln im Kühlschrank aufbewahren, Porree am besten an einem kühlen, trockenen Ort.

**Kohl- und Blattgemüse**
*Blattsalat, Blumenkohl, Brokkoli, Brunnenkresse, Chicorée, Pak Choi, Rosenkohl, Rucola, Spinat und Weißkohl*

Blattgemüse eignet sich zum Kochen und als Rohkost in Salaten. Rucola und Brunnenkresse verleihen Gerichten eine nussige Note.

Alle Kohlsorten sind reich an Vitamin C und Mineralstoffen.

Wenn Sie ganze Kohlköpfe kaufen und schnellstmöglich zubereiten, bleiben alle gesunden Inhaltsstoffe erhalten. Bei allen Kohl- und Blattgemüsesorten sollten Sie darauf achten, dass sie keine Druckstellen oder gelblich-braunen Verfärbungen aufweisen. Die Blätter von Rosenkohl sollten sehr fest anliegen und die von Pak Choi knackig frisch aussehen. Rucola, Spinat und Brunnenkresse können bis zu zwei Tage im Kühlschrank aufbewahrt werden. Sobald die Blätter welk aussehen, sollte man sie entsorgen. Salatköpfe sollten frisch und nicht küchenfertig zerkleinert im Beutel gekauft werden, da dieser bereits an Inhaltsstoffen eingebüßt hat. Frischer Salat sollte ohne Plastiktüte im Kühlschrank aufbewahrt werden.

# Obst

Auch bei Früchten ist das Angebot sehr groß. Statt jede Woche dieselben Obstsorten zu kaufen, sollten Sie auch neue Sorten ausprobieren und Ihr kulinarisches Repertoire erweitern. Früchte sind das perfekte Fast Food, da man sie meist nur abspülen muss und sofort verzehren kann.

Bei vielen Früchten liegen die meisten Nährstoffe direkt unter der Schale, daher bietet es sich an, das Obst mit Schale zu essen. Auch Garen zerstört einen Teil der im Obst enthaltenen Vitamine und Mineralstoffe. Achten Sie darauf, dass das Obst beim Kauf sehr frisch ist – es schmeckt dann nicht nur besser, sondern enthält auch mehr Antioxidantien. Bevorzugen Sie Bioware und verzehren Sie Obst recht zügig.

**Zitrusfrüchte**

*Orangen, Zitronen, Grapefruits, Mandarinen und Limetten sind reich an Vitamin C und Betacarotin. Sie sind in der Küche sehr vielfältig einsetzbar und passen sowohl zu süßen als auch zu herzhaften Gerichten. Sobald sie geschält oder geschnitten werden, sollten sie verbraucht werden, da sich Vitamin C schnell zersetzt.*

*Limetten*
Limetten schmecken etwas milder und frischer als Zitronen und werden besonders in der asiatischen Küche oft verwendet.

*Orangen*
Die populären süßen Sorten heißen Jaffa, Valencia oder Navellina, letztere benannt nach dem nabelförmigen Punkt am unteren Ende der Blüte. Je dünner die Schale der Orange ist, desto süßer ist die Frucht. Aus den meist etwas bitteren Sevilla-Orangen wird Marmelade hergestellt. Abgeriebene Orangenschale verleiht Gebäck, Saucen und herzhaften Mahlzeiten eine sehr aromatisch-fruchtige Note.

*Zitronen*
Zitronenschale und -saft sind in der Küche unentbehrlich. Ein Spritzer Zitronensaft gibt Salatdressings, Marinaden und Fischgerichten die fruchtige Säure. Abgeriebene Zitronenschale gibt süßen wie herzhaften Gerichten eine frische Note. Auf Apfel- oder Avocadostücke geträufelt, verhindert Zitronensaft, dass die Früchte unappetitlich braun werden. Achten Sie beim Kauf darauf, dass Zitronen keine grünen Stellen haben; diese Früchte sind nämlich noch nicht reif.

## Filetieren von Zitrusfrüchten

Schneiden Sie mit einem scharfen Messer am Blütenansatz und der Unterseite der Orange bis zum Fruchtfleisch je einen Deckel ab. Legen Sie die Frucht nun auf ein Schneidebrett und schneiden Sie von oben nach unten die Schale so ab, dass die weiße Haut der Segmente mit entfernt wird.

Nehmen Sie die Frucht nun in die Hand und arbeiten Sie über einer Schüssel, damit Sie den Saft auffangen. Nun das Messer zwischen die einzelnen Trennhäute führen, die Fruchtfilets vorsichtig herausschneiden und in die Schüssel gleiten lassen.

Sobald alle Fruchtfilets herausgetrennt sind, mit den Händen den restlichen Saft aus den Orangenhäuten herauspressen. Sollten Sie die Orangenfilets nicht sofort verwenden, dann decken Sie die Schüssel mit Frischhaltefolie ab und stellen Sie sie in den Kühlschrank.

### Gartenobst

*Diese Kategorie beinhaltet die beliebtesten Obstsorten wie knackige Äpfel, saftige Pfirsiche oder süße Kirschen.*

*Apfel*
Es gibt zahllose Apfelsorten und in den meisten Supermärkten oder auf Wochenmärkten finden Sie eine große Auswahl. Die Sorten Boskop, Granny Smith oder Cox Orange sind sehr gut zum Kochen und Braten geeignet. Golden Delicious und Braeburn schmecken saftig und süßsäuerlich.

*Birne*
Wie bei den Äpfeln eignen sich einige Sorten eher zum Garen, andere wiederum eher zum Rohverzehr. Birnen sind vom späten Sommer bis zum Herbst am aromatischsten. Beliebte Sorten sind die gelbgrünen Williams Christ und die grünbraunen Conference.

*Kirsche*
Die roten saftigen Kirschen reifen im Sommer. Es gibt süße und saure Sorten. Die sauren Kirschen werden zu Konfitüre verarbeitet.

*Pfirsich*
Die Farbe dieser Früchte reicht von Gelbgold bis zu einem Tiefrot und je nach Sorte haben sie gelbes oder weißes Fruchtfleisch. Nektarinen ähneln den Pfirsichen, haben aber eine glatte Haut. Kaufen Sie feste Früchte und lassen Sie sie zu Hause nachreifen. Behandeln Sie die Früchte vorsichtig, damit keine unschönen Druckstellen entstehen.

*Pflaume*
Pflaumen sind sehr beliebt im Sommer; ihre Farbe reicht von Gelb bis Violett. Es gibt süße und säuerliche Sorten. Saure werden meist gekocht oder gebacken.

### Johannisbeeren

*Saftige Beeren sind eine köstliche Zutat für Dessertspeisen. Schwarze, rote oder weiße Johannisbeeren werden in Rispen verkauft. Um die Beeren von ihren Rispen zu entfernen, kann man die Zinken einer Gabel behutsam an der Rispe hinunterziehen. Johannisbeeren schmecken meist etwas sauer und können ein wenig gezuckert werden. Sie sind eine hübsche Dekoration für Süßspeisen oder können zu Konfitüre oder Gelee eingekocht werden.*

## Beerenfrüchte

Ihre Saison ist eigentlich im Sommer, mittlerweile werden sie aber ganzjährig angeboten.

*Blaubeeren oder Heidelbeeren*
Die reifen Beeren sind fest und saftig mit einem deutlichen Blütenansatz. Die Früchte schmecken sowohl solo als auch auf Kuchen, in Desserts oder als Konfitüre.

*Brombeeren*
Diese Beeren wachsen meist wild an Büschen und werden in den Sommermonaten geerntet. Mittlerweile sind gezüchtete Brombeeren ganzjährig erhältlich. Roh oder gekocht sind sie auf Kuchen, in Desserts oder als Konfitüre sehr delikat.

*Erdbeeren*
Achten Sie beim Kauf von Erdbeeren darauf, dass sie keine weißen oder grünen Stellen haben, denn dann sind sie nicht reif. Mit etwas Sahne oder Crème fraîche serviert, schmecken sie wunderbar. Erdbeeren enthalten Vitamin C und B-Vitamine.

*Himbeeren*
Himbeeren sind sehr empfindlich und sollten schnellstmöglich verzehrt werden. Mit ihrem wunderbaren Aroma eignen sie sich hervorragend für Süßspeisen oder Konfitüren.

*Stachelbeeren*
Die grünen Stachelbeeren sind am besten für Kuchen und Marmeladen geeignet, die roten sind etwas süßlicher und schmecken sehr gut mit etwas Sahne oder Vanillesauce.

## Trauben

*Diese kleinen Früchte variieren in der Farbe von Gelbgrün bis Violettschwarz. Die meisten Trauben werden für die Weinproduktion angebaut. Tafeltrauben haben weniger Säure und eine dünnere Haut als die reinen Weintrauben. Kaufen Sie möglichst nur Bioware und spülen Sie Trauben vor dem Verzehr immer sehr gut ab, denn sie können allzu viele Pestizide enthalten.*

## Melonen

*Achten Sie beim Kauf darauf, dass die Melone schwer in der Hand liegt und am Blütenansatz aromatisch duftet. Wassermelonen sollten nicht hohl klingen, wenn man dagegenklopft. Die Melonensorten reichen von Wassermelonen über gelbe Honigmelonen zu den orangefleischigen Cantaloupe-Melonen. Wassermelonen enthalten wenig Kalorien und sind durch ihren hohen Wassergehalt im Sommer besonders erfrischend. Kaufen Sie ganze Melonen und keine fertig geschnitten Scheiben, da diese schon zu viele Vitamine verloren haben.*

## Exotische Früchte

*Die Auswahl exotischer Früchte reicht von der beliebten Banane bis zur aromatischen Papaya.*

*Ananas*

Ananas hat ein süßes, saftiges Fruchtfleisch. Wählen Sie Früchte, die schwer in der Hand liegen und auf Druck etwas nachgeben. Die Frucht ist reif, wenn man die einzelnen Blätter leicht herausziehen kann. Die in der Ananas enthaltenen Enzyme sind sehr gut für den Verdauungstrakt.

*Banane*

Bananen sind sehr gute Energielieferanten, da sie viel Stärke und damit Ballaststoffe, Vitamine und Mineralien enthalten. Das weiche Fruchtfleisch kann gebacken, püriert, flambiert oder gefroren werden. Bananen, die noch etwas grün sind, können bei Zimmertemperatur nachreifen. Es ist jedoch nicht ratsam, ganz grüne Bananen zu kaufen, da diese nicht gleichmäßig nachreifen.

*Kiwi*

Diese Früchte enthalten viel Vitamin C. Das pürierte Fruchtfleisch ergibt erfrischende Sorbets und Desserts. Als gesunden Snack für zwischendurch können Sie Kiwis auch einfach halbieren und auslöffeln oder in Fruchtsalate schneiden.

*Mango*

Die ovalen Früchte variieren in der Farbe von Gelbgrün bis Rot. Eine ganz grüne Mango ist noch nicht reif, wird in der asiatischen Küche aber manchmal als Salatzutat verwendet. Das Fruchtfleisch ist saftig und aromatisch und kann für süße wie für pikante Gerichte verwendet werden.

*Papaya*

Diese große, birnenförmige Frucht wird, wenn sie noch grün und unreif ist, in Südostasien gerne gekocht. Ausgereift hat sie ein pink-orangefarbenes Fruchtfleisch und wird roh gegessen. Die Samen können getrocknet werden und haben ein etwas pfeffriges Aroma.

*Passionsfrucht*

Diese Frucht sieht mit ihrer braunen, runzligen Schale nicht sehr ansprechend aus, enthält aber ein wunderbar aromatisches Fruchtfleisch, das Süßspeisen das gewisse Etwas gibt. Die Kerne sind genießbar, können aber auch herauspassiert werden.

# Reis und Getreide

Es gibt eine große Vielfalt an Getreidesorten in unterschiedlicher Verarbeitung – ob als ganzes Korn, Schrot oder Mehl. Reis und Getreide sind sehr wichtig für eine gesunde Ernährung, da sie viele komplexe Kohlenhydrate, Proteine, Ballaststoffe, Vitamine, Mineralien und wenig Fett enthalten. Das unverarbeitete Korn enthält viel mehr Nährstoffe als das geschälte, da die meisten Nährstoffe in der Schale der Körner sitzen. Als Vegetarier sollten Sie immer mehrere Getreideprodukte vorrätig haben.

Achten Sie darauf, dass die Geschäfte, in denen Sie einkaufen, nur wirklich frische Reis- und Getreideprodukte führen. Zu Hause sollten Sie die Produkte in luftdichten Behältern an einem kühlen, trockenen Ort lagern. Das hält Ungeziefer und Feuchtigkeit fern.

**Weizen**
*Eine der wichtigsten Getreidesorten ist der Weizen. Diesen gibt es in verschiedenen Verarbeitungen.*

## Gekochten Reis aufbewahren

Gekochter Reis kann luftdicht verpackt im Kühlschrank aufbewahrt werden. Wird er kalt als Salatzutat verwendet, sollte er innerhalb eines Tages verbraucht werden. Soll der Reis warm serviert werden, muss er sehr gründlich erhitzt werden: entweder in der Mikrowelle oder in einem Topf in kochendem Wasser (1 Minute) oder über heißem Wasserdampf. Wird Reis nicht innerhalb von 2 Tagen aufgebraucht, können die enthaltenen hitzeresistenten Bacillus-cereus-Sporen sich so stark vermehrt haben, dass sie beim Verzehr Magenprobleme verursachen.

*Mehl*
Weizenmehl wird aus gemahlenen Weizenkörnern gewonnen. Vollkornmehl wird aus dem ganzen Korn gewonnen und weißes Mehl aus verarbeitetem Korn, bei dem die Kleie entfernt wurde. Die Mehl-Typen wie 405, 550 oder 1050 bezeichnen den Mineralstoffgehalt einer Mehlsorte (in mg auf 100 g Mehl). Type 405 enthält viel Stärke und wenig Gluten und wird für Kuchen und feines Gebäck verwendet, Type 550 oder höhere enthalten viel Gluten, weshalb sie besonders gut zum Brotbacken geeignet sind. Der Hartweizen wird zur Nudelproduktion verwendet.

*Weitere Weizenprodukte*
Es gibt zahlreiche Weizenprodukte, wie Weizenschrot, Weizenkleie, harter oder weicher Grieß, Bulgur, Couscous und Weizengras. Um Couscous herzustellen, wird Hartweizengrieß vorgegart, zu kleinen Kügelchen gepresst und anschließend getrocknet.

## Reis
Fast alle Länder der Welt haben ihre traditionellen Reisgerichte – sei es in Spanien die Paella oder in Indien das Biryani.

*Arborio-, Carnaroli- und Valencia-Reis*
Die ersten beiden Reissorten werden für Risotto, die letzte für Paella verwendet. Die kurzen runden Körner dieser Rundkornreissorten sind stärkehaltiger als Langkornreis und nehmen fünfmal so viel Flüssigkeit auf.

*Basmati-Reis*
Der Langkornreis aus dem Himalaja hat einen nussigen Geschmack und passt hervorragend zu herzhaften Gerichten. Es gibt weiße und braune Sorten. Seine Körner bleiben beim Kochen locker.

*Jasminreis und japanischer Klebereis*
Jasminreis verströmt einen köstlichen Duft und ist sehr aromatisch im Geschmack. Er wird besonders in der Thai-Küche geschätzt. Japanischer Klebereis wird für Sushi verwendet, da er beim Kochen zusammenklebt.

*Langkorn- und Naturreis*
Langkornreis gehört zu den beliebtesten Reisarten. Naturreis oder brauner Reis wird nicht geschält und enthält dadurch mehr Nähr- und Ballaststoffe als weißer Reis. Er schmeckt angenehm nussig.

*Weitere Reissorten*
Weiterhin gibt es noch Milchreis, roten Reis und Wildreis. Letzterer ist kein Reis im botanischen Sinne, sondern die Frucht eines Wassergrases, das größtenteils in Amerika beheimatet ist.

## Weitere Getreidesorten
*Gerste*
Das bekannteste Gerstenprodukt sind die Perlgraupen. Das sind kleine, rund geschliffene und polierte Gerstenkörner, die meist für Suppen und Aufläufe benutzt werden. Die größeren Graupen kochen länger und werden für Eintöpfe verwendet.

*Hafer*
Hafer und Roggen sind die beliebtesten Getreidesorten in Nordeuropa. Haferflocken werden entweder ins Müsli gegeben oder als Gebäck verarbeitet. Hafermehl eignet sich hervorragend für Brot und Gebäck.

*Hirse*
Dieses proteinhaltige Getreide wird vor allem in Afrika und Asien verzehrt. Hirse enthält kein Gluten und ist reich an Eisen und Zink. Sie kann wie Reis zubereitet werden und passt zu Currys, Eintöpfen und Salaten. Bei uns kennt man sie meist nur als Hirsebrei.

*Mais*
Bei uns ist der gelbe Mais sehr beliebt, es gibt aber auch rote, blaue und schwarze Sorten. Aus dem ganzen Korn wird Popcorn hergestellt. Maismehl wird zur Brot- und Tortilla-Herstellung verwendet, und aus Maisgrieß wird Polenta gekocht.

*Quinoa*
Quinoa ist sehr nährstoffreich und enthält alle acht für den Körper wichtigen Aminosäuren. Die Körner haben einen milden, reisähnlichen Geschmack und können beispielsweise für Salate, Füllungen und Müsli verwendet werden.

*Roggen*
Dieses Getreide schmeckt sehr herzhaft und würzig. Es wird meist als Roggenschrot und Roggenmehl angeboten.

# Milchprodukte

Milchprodukte versorgen Vegetarier mit Protein, Calcium, Vitamin D und Vitamin B12. Viele Milchprodukte enthalten viel Fett und sollten deswegen sparsam verzehrt oder durch fettreduzierte Sorten ersetzt werden. Für Veganer oder Menschen mit Laktose-Unverträglichkeit gibt es mittlerweile milchfreie Alternativen, von denen einige fast den gleichen Nährstoffgehalt wie Milchprodukte besitzen.

## Milch, Sahne und Joghurt

*Milch*

Es gibt sie als Vollmilch (3,5–5 % Fett), fettarme Milch (1,5–1,8 % Fett) und entrahmte Milch (höchstens 0,3 % Fett). Fettarme und entrahmte Milch enthalten weniger Fett, aber die dieselben Nährstoffe wie Vollmilch. Wer eine Lactose-Unverträglichkeit hat, kann Schafs-, Ziegen-, Reis- oder Sojamilch verwenden. Diese Milchsorten haben einen ähnlichen Nährstoffgehalt wie Kuhmilch, sind aber wesentlich leichter verdaulich.

*Sahne*

Sahne wird aus dem fettreichen Rahm der Milch hergestellt. Kaffeesahne und Crème légère haben einen vergleichsweise niedrigen Fettanteil. Saure Sahne mit einem Fettanteil von 10–15 % ist ideal zum Verfeinern von herzhaften Gerichten, ähnlich wie die fettreiche Crème fraîche (30–40 % Fett). Schlagsahne lässt sich aufgrund ihres Fettgehaltes von 30–35 % leicht steif schlagen. Crème double besitzt einen Fettgehalt von über 40 % und sollte deshalb sparsam verwendet werden.

*Joghurt*

Joghurt entsteht durch die Vergärung von Milch mithilfe gesunder Bakterien und ist sehr gut für die Verdauung. Der Fettgehalt der verschiedenen Produkte ist sehr unterschiedlich und reicht von 0,5 % bei fettarmem Joghurt bis zu 10 % bei griechischem und türkischem Joghurt. Letzterer ist ein guter Ersatz für Sahne, da er einen geringeren Fettgehalt hat und sich gut verkochen lässt.

## Milchfreie Alternativen

Für Veganer, die keine Milchprodukte und Eier zu sich nehmen, ist es sehr wichtig, dass sie ihren Körper mit genügend Eiweiß, Mineralien und Vitaminen versorgen. Die beste Alternative bietet die Sojabohne, die zudem kein Cholesterin enthält. Tofu, der aus gekochten Sojabohnen gewonnen wird, enthält Eiweiß, Calcium, Magnesium, Phosphor, Eisen und Vitamin E. Aus Sojabohnen werden auch Milch, Joghurt und Sahne gewonnen. Weitere gute Alternativen zu Kuhmilch stellen Produkte aus Hafer-, Reis- und Mandelmilch dar. Mittlerweile gibt es auch eine große Auswahl an rein pflanzlichen Margarinen und Brotaufstrichen.

## Frischer, ungereifter Käse (Frischkäse)

*Diese Käsesorten enthalten meist kein Lab und haben einen sehr milden, frischen Geschmack.*

*Hüttenkäse*
Dieser Frischkäse wird bei der Produktion nochmals erhitzt und erhält dadurch seine körnige Konsistenz. Hüttenkäse enthält meist nur 20 % Fett und ist damit eine sehr fettarme Käsesorte.

*Quark und Schichtkäse*
Diese werden aus gesäuerter Milch gewonnen. Schichtkäse wird nicht glatt gerührt, sondern in die Verpackung geschichtet. Quark wird mit 20 % und 40 % Fettgehalt angeboten, aber auch als Magerquark mit unter 10 % Fett.

*Rahm- und Doppelrahmfrischkäse*
Durch die Zugabe von Sahne erhalten diese Käsesorten eine glatte, feste Konsistenz und einen milden Geschmack. Rahmfrischkäse hat einen Fettgehalt von 50 %, Doppelrahmfrischkäse enthält 60–85 % Fett.

*Ricotta*
Dieser leicht körnige Frischkäse kann sowohl aus Schafs- als auch aus Kuhmilch hergestellt werden. Ricotta schmeckt sehr mild und kann für süße und herzhafte Speisen verwendet werden.

## Frischer, gereifter Käse

*Brie und Camembert*
Diese weichen Rohmilchkäse-Sorten werden aus Kuhmilch hergestellt und stammen aus Frankreich. Camembert hat meist ein etwas stärkeres Aroma als Brie. Beide sollten beim Servieren Zimmertemperatur haben.

## Weitere Käsesorten

*Die folgenden weichen oder harten Käsesorten gibt es oft auch in rein vegetarischen Varianten.*

*Feta*
Dieser in Salzlake eingelegte, halbfeste griechische Käse wird traditionell aus Schafs- oder Ziegenmilch hergestellt. Wenn man Feta 10 Minuten vor der Verwendung in lauwarmem Wasser einweicht, ist er nicht mehr ganz so salzig.

*Gouda*
Diesen beliebten Kuhmilchkäse gibt es in unterschiedlichen Reifegraden: Junger Gouda ist weiß-gelblich, mit zunehmendem Alter intensiviert sich die Farbe bis hin zu Goldgelb. Der sogenannte alte Gouda ist mindestens sechs Monate gereift.

*Haloumi*
Haloumi ist ein halbfester Schnittkäse, der aus Zypern stammt. Er hat einen salzigen Geschmack und eignet sich sehr gut zum Grillen und zum Braten.

*Mozzarella*
Dieser sehr weiche Käse kann sehr gut zum Überbacken von Aufläufen und Pizza oder einfach als Salatzutat verwendet werden. In Supermärkten ist meist Kuhmilch-Mozzarella erhältlich, traditionell wird er jedoch aus Büffelmilch hergestellt.

# Kräuter und Gewürze

Seit Jahrtausenden geben Kräuter und Gewürze den Speisen Geschmack. Sie sind ein unverzichtbarer Bestandteil der vegetarischen Küche und werten sowohl süße als auch herzhafte Speisen auf. Kräuter und Gewürze wirken sich sehr positiv auf die Verdauung aus. Im Folgenden finden Sie eine Auflistung von frischen Kräutern, die Sie im Winter auch durch getrocknete oder tiefgefrorene ersetzen können.

**Kräuter**

*Frische Kräuter gibt es sowohl im Bund als auch im Topf zu kaufen. Falls Sie lose Kräuter nicht sofort verbrauchen, können Sie sie waschen und mit dem anhaftenden Wasser in einen Gefrierbeutel geben. Auf diese Weise halten sich Kräuter bis zu einer Woche frisch.*

*Basilikum*
Dieses beliebte Kraut ist köstlich in italienischen Saucen, besonders bekannt in Pesto. Thai-Basilikum ist wesentlicher Bestandteil der südostasiatischen Küche. Die Blätter sollten eher zerpflückt als gehackt werden. Das Trocknen von Basilikum vermindert sein Aroma.

*Dill*
Dillspitzen geben Fisch und Gemüse ein frisches, würziges Aroma. Auch die Samen der Dillpflanze sind als Gewürz verwendbar.

*Estragon*
Er wird gern zum Aromatisieren von Senf und Öl verwendet und passt sehr gut zu Eier- und Käsegerichten.

*Koriander*
Der aromatische Geschmack des Korianders passt sehr gut zu südostasiatischen, indischen oder mediterranen Gerichten. Die geriebene Korianderwurzel wird für indische und thailändische Currypasten verwendet.

*Lorbeer*
Die aromatischen Blätter des Lorbeerbaumes werden frisch und getrocknet verwendet und verleihen Brühen, Suppen, Saucen und Schmorgerichten einen herben Geschmack. Vor dem Servieren entfernen.

*Minze*
Es gibt verschiedene Minzearten. Pfefferminze und Spearmint (Grüne Minze) sind die bekanntesten. Minze passt sowohl zu süßen als auch zu pikanten Speisen. Mit Joghurt gemischt, nimmt sie Currys ein wenig Schärfe.

*Oregano*
Es kann frisch und getrocknet verwendet werden und ist in Verbindung mit Thymian vor allem in der Mittelmeerküche sehr beliebt. Oregano passt gut zu Tomatensaucen, Marinaden, Pizza und Käsegerichten.

*Petersilie*
Sie ist reich an Vitamin A und K. Von den vielen Sorten sind die krause und die glatte Petersilie am bekanntesten. Falls Petersilie mitgekocht wird, ist die glatte vorzuziehen.

*Salbei, Rosmarin und Thymian*
Salbei hat einen leicht bitteren Geschmack und schmeckt gut zu herzhaften Gerichten. Rosmarin und Thymian haben einen kräftigen, aromatischen Geschmack und eignen sich gut für Schmorgerichte und geröstetes Gemüse.

*Schnittlauch*
Schnittlauch ist mit den Zwiebelgewächsen verwandt. Er schmeckt zu Salaten, Suppen und Eierspeisen.

**Gewürze**

*Kaufen Sie niemals zu große Mengen an Gewürzen ein, da sie schnell ihr Aroma verlieren. Gewürze sollten in luftdicht verschließbaren Behältern aufbewahrt und niemals dem direkten Sonnenlicht ausgesetzt werden. Sobald Gewürze an Farbe oder Aroma verlieren, müssen sie entsorgt werden.*

*Cayennepfeffer und Paprikapulver*
Cayennepfeffer ist ein scharfes Gewürz, das oft in Suppen, Eintöpfen und Currys verwendet wird. Paprikapulver wird mild als edelsüßes Paprikapulver und scharf als Rosenpaprika im Handel angeboten.

*Ingwer*
Getrockneter und frisch geriebener Ingwer hat eine wärmende, etwas scharfe Geschmacksnote. Er wird für vielerlei Süßspeisen, Backwaren und vor allem in der indischen Küche verwendet.

*Kardamom*
Er hat ein süßlich-scharfes Aroma und wird entweder als ganze Kapsel, Samen oder Pulver aus gemahlenen Samen angeboten.

*Kreuzkümmel und Koriandersamen*
Kreuzkümmel ist aus der orientalischen, afrikanischen und indischen Küche nicht wegzudenken und wird als ganzer Samen oder in Pulverform angeboten. Die schwarzen schmecken etwas süßer und milder als die braunen Samen. Ganze Koriandersamen werden in der indischen Küche für Pickles und Currys verwendet.

*Pfeffer*
Erhältlich sind weiße, grüne, schwarze und rosafarbene Pfefferkörner. Pfeffer verfeinert und unterstreicht den Geschmack der Speisen.

*Safran*
Safran wird aus den Blütennarben des *Crocus sativus* gewonnen und ist das teuerste Gewürz der Welt. Es ist in Fäden oder als Pulver erhältlich und dient, vorsichtig dosiert, sowohl dem Färben als auch Würzen von Speisen.

*Vanille*
Vanillestangen verleihen Speisen ein lieblich-süßes Aroma. Meistens werden sie für Süßspeisen verwendet, verleihen aber auch pikanten Gerichten einen besonderen Duft.

*Zimt, Muskatnuss und Nelken*
Diese süß duftenden Gewürze werden gerne zusammen für Kuchen, Gebäck und die Weihnachtsküche verwendet. Zimtstangen und ganze Nelken schmecken in Currys.

## Kräuter einfrieren

Kräuter müssen vor dem Einfrieren unbedingt in einwandfreiem Zustand sein.

Die Kräuter gut abspülen und trocken schütteln. Auf etwas Küchenpapier gut abtropfen lassen.

In einen Tiefkühlbehälter nebeneinanderlegen und einfrieren. Sobald sie gefroren sind, kann man sie in kleinere Portionen zerteilen. Alternativ kann man die Kräuter hacken und die Mulden eines Eiswürfelbereiters damit zur Hälfte füllen. Mit Wasser aufgießen und einfrieren. Mit den gefrorenen Kräuterwürfeln kann man nun Suppen, Eintöpfe und andere Gerichte verfeinern.

# Die wichtigsten Garmethoden

Da nicht jedes Gemüse roh verzehrt werden kann, wird Ihnen in diesem Kapitel ein Überblick über die gängigen Garmethoden gegeben. Wenn man Gemüse richtig zubereitet, behält es seine Farbe und einen großen Teil der Vitamine und Mineralstoffe. Da die vegetarische Ernährung größtenteils auf Gemüsegerichten basiert, sollte man auch wissen, wie diese am schonendsten zubereitet werden.

**Kochen**
Traditionell wird Gemüse in einem großen Topf mit leicht kochendem Salzwasser gegart. Diese Methode eignet sich sehr gut für Kartoffeln und Wurzelgemüse. Grünes Gemüse sollte man eher dampfgaren, da es auf diese Weise kaum Nährstoffe einbüßt. Möchte man es kochen, dann ist es wichtig, den Topf nicht abzudecken, da es sonst an Farbe verliert.

Verwenden Sie einen ausreichend großen Topf und nicht zu viel Wasser. Garen Sie das Gemüse bissfest, gießen Sie es ab und schrecken Sie es mit kaltem Wasser ab, um den Garprozess zu stoppen. So behält es noch einen Teil der wasserlöslichen Vitamine B und C. Gießen Sie das Kochwasser nicht weg, da es viele Nährstoffe enthält. Sie können es einfrieren und als Basis für Suppen und Sauce verwenden.

## Frisch zubereitet

Je frischer die Lebensmittel, umso höher ist ihr Nährwert. Kaufen Sie kein altes, welkes Obst und Gemüse und lagern Sie es auch zu Hause nicht lange. Besser ist es, Frisches erst kurz vor Gebrauch zu kaufen, und zwar nur in der benötigten Menge. Wählen Sie nach Möglichkeit Bioware und meiden Sie klein geschnittene Convenience-Produkte, denn sie haben schon einen Teil ihrer Vitamine und ihres Geschmacks verloren. Bereiten Sie Gemüse möglichst mit Schale zu (etwa Karotten) und bürsten sie nur ab. Viele Nährstoffe lagern unter oder in der Schale. Alternativ kochen Sie aus der Schale eine Brühe. Beim Einweichen verliert Frischkost wasserlösliche Vitamine, also besser nur kurz abspülen. Auch aufgeschnittenes Obst leidet. Zügig aufessen!

### Pochieren

Bei dieser sanften Zubereitungsmethode wird das Gemüse knapp unter dem Siedepunkt in einer Flüssigkeit (Wasser, Brühe oder Wein) gegart und behält auf diese Weise sein Aroma und seine Konsistenz.

### Frittieren

Dabei ist darauf zu achten, dass die Temperatur des Fettes bei mindestens 180 °C liegt, damit sich die Poren des Garguts schnell verschließen, es kaum Fett aufnimmt und schnell gar ist. Nach dem Frittieren sollte das Gargut auf Küchenpapier gut abtropfen. Eine etwas gesündere Alternative ist, Gemüse und Haloumi in einer beschichteten Pfanne oder Grillpfanne ohne Fett zu braten. Auch Kürbis- oder Pinienkerne werden ohne Zugabe von Fett angeröstet, bis sie eine goldene Farbe haben.

### Dämpfen

Das Gargut kommt hierbei nicht in direkten Kontakt mit der Garflüssigkeit, deshalb bleiben mehr Nährstoffe erhalten. Man bringt etwas Wasser in einem Topf zum Kochen, setzt den Dämpfaufsatz aus Edelstahl oder Bambus darauf. In dieses legt man das Gargut und verschließt den Topf mit einem Deckel. Zuckererbsen, Porree und Zucchini sollten eher gedämpft als gekocht werden, da sie so appetitlicher aussehen.

### Braisieren

Bei dieser recht langwierigen Zubereitungsart werden die Speisen zunächst in Öl angebraten und dann sehr langsam mit wenig Flüssigkeit, wie Brühe oder Wein, in einem Topf mit fest schließendem Deckel auf dem Herd oder im Backofen gegart. Das Gemüse wird mit dem Saft serviert und behält dadurch alle enthaltenen Nährstoffe. Zwiebeln, Rüben, Porree, Chicorée, Sellerie und Fenchel eignen sich sehr gut zum Braisieren. Vor allem Rotkohl erhält durch diese Garmethode ein unvergleichliches Aroma.

## Kochzeiten

Kochen Sie das Gemüse nur so lange wie nötig und so kurz wie möglich, um von den darin enthaltenen Nährstoffen zu profitieren. Schneiden Sie das Gemüse in gleich große Stücke, damit es gleichmäßig gart. Kartoffeln sollten immer gut gegart, Karotten hingegen können ruhig bissfest gegart werden. Bei Gemüse mit einem hohen Wassergehalt, wie Spinat oder Bohnensprossen, reicht es, wenn es etwa 30 Sekunden blanchiert wird. Achten Sie beim Frittieren darauf, dass Sie das Öl gut erhitzen, bevor das Gemüse zugegeben wird. Wer wenig Zeit hat, kann Gemüse auch mit etwas Wasser in der Mikrowelle garen. Bei dieser Garmethode werden weniger Wasser und Fett benötigt.

**Pfannenrühren**
Bei dieser aus Asien stammenden, schonenden Garmethode wird mit nur wenig Öl gebraten. Gemüse behält dabei Nährstoffe, Konsistenz und Aroma. Die Zutaten werden in kleine, gleichmäßige Stücke geschnitten und kurz unter ständigem Rühren im Wok oder einer großen Pfanne gebraten. Im Wok garen die Speisen schneller, weil sie zusätzlich mit den heißen Seitenwänden des Woks in Berührung kommen. Auch Blumenkohlröschen und Rosenkohl lassen sich gut auf diese Weise zubereiten.

**Rösten**
Früher wurde immer sehr viel Öl zum Rösten verwendet. Gesünder ist es, das Gemüse auf dem Backblech nur leicht mit Olivenöl zu beträufeln. Zur Geschmacksintensivierung können Knoblauch und Kräuter zugegeben werden. Kürbis, Wurzelgemüse, Paprika, Zwiebeln, Tomaten, Spargel und auch Rote Bete schmecken köstlich, wenn sie auf diese Weise gegart wurden. Beim Rösten werden Aromastoffe intensiviert und das Gemüse entfaltet seine natürliche Süße.

**Sautieren und Dünsten**
Diese Methode ähnelt dem Pfannenrühren, dauert allerdings viel länger. Das Gargut wird in der Pfanne regelmäßig gerührt oder geschwenkt, damit es nicht zu schnell anbräunt. In der Regel wird etwas Öl zugegeben und die Pfanne nicht bedeckt.

Beim Dünsten werden Topf oder Pfanne mit einem passenden Deckel abgedeckt, sodass verdampfendes Wasser nicht entweichen kann. Zwiebeln werden gedünstet, wenn sie weich werden sollen ohne anzubräunen.

**Backen**
Bei dieser Garmethode werden Speisen im Ofen gegart. Kartoffeln, Zwiebeln und Knoblauch können ohne weitere Zutaten in ihrer Schale gebacken werden. Weicheres Gemüse, wie Paprika und Tomaten, können, bevor sie in den Ofen kommen, gefüllt oder mit Alufolie bedeckt werden.

**Grillen**
Die intensive Grillhitze kann empfindliches Gemüse eher verbrennen als garen. Zwiebeln, Mais, Paprika, Auberginen und Tomaten können sehr gut gegrillt werden.

Man sollte das Gemüse immer mit etwas Öl einpinseln, bevor man es auf den Grill legt.

# Grundrezepte

In diesem Buch stellen wir Ihnen eine verführerische Auswahl an vegetarischen Gerichten vor. Die Grundrezepte im Folgenden sind Bestandteil einiger Rezepte. Allerdings können die Grundrezepte auch zu vielen Gerichten zusätzlich nach Belieben gereicht werden.

## Gemüsebrühe

**Ergibt 2 Liter**

- 2 EL Sonnenblumen- oder Maiskeimöl
- 120 g Zwiebeln, fein gehackt
- 120 g Porree, fein gehackt
- 120 g Karotten, fein gehackt
- 4 Selleriestangen, fein gehackt
- 100 g Fenchel, fein gehackt
- 100 g Tomaten, fein gehackt
- 2,25 l Wasser
- 1 Bouquet garni (Bund aus 1 Zweig Petersilie, 1 Zweig Thymian und 1 Lorbeerblatt)

Das Öl in einem großen Topf erhitzen. Zwiebeln und Porree zugeben und unter Rühren 5 Minuten dünsten.
Das restliche Gemüse zufügen und unter Rühren weitere 5 Minuten dünsten. Wasser und Bouquet garni zugeben und zum Kochen bringen. Auf mittlere Hitze reduzieren und 20 Minuten köcheln lassen.
Die Brühe durch ein Sieb in einen anderen Topf abseihen und abkühlen lassen. Dann den Topf abdecken und in den Kühlschrank stellen. Die Brühe sollte innerhalb von 3 Tagen verbraucht werden. Gegebenenfalls kann sie aber auch in kleineren Portionen eingefroren werden und ist dann bis zu 3 Monate haltbar.

## Käsesauce

**Ergibt 600 ml**

- 40 g Butter
- 5 EL Mehl
- 600 ml Milch
- 150 g Emmentaler, gerieben
- Salz und Pfeffer

Die Butter in einem Topf bei mittlerer Hitze zerlassen. Das Mehl zugeben und unter Rühren anschwitzen. Den Topf vom Herd nehmen und die Milch einrühren.
Zurück auf den Herd stellen und aufkochen. Unter Rühren köcheln lassen, bis die Sauce andickt. Den Topf erneut vom Herd nehmen, den Käse zugeben und rühren, bis er geschmolzen ist. Mit Salz und Pfeffer abschmecken.

# Tomatensauce

**Ergibt 150 ml**

- 1 EL Olivenöl
- 1 kleine Zwiebel, gehackt
- 1 Knoblauchzehe, gehackt
- 400 g Tomatenstücke aus der Dose
- 2 EL frisch gehackte Petersilie
- 1 TL getrockneter Oregano
- 2 Lorbeerblätter
- 2 EL Tomatenmark
- 1 TL Zucker
- Salz und Pfeffer

Das Öl in einem Topf bei mittlerer Temperatur erhitzen, die Zwiebel zugeben und 2–3 Minuten glasig dünsten.
Den Knoblauch zugeben und 1 Minute unter Rühren anschwitzen. Die restlichen Zutaten zugeben, mit Salz und Pfeffer würzen und zum Kochen bringen.
Die Hitze reduzieren und die Sauce etwa 15–20 Minuten köcheln lassen, bis sie um die Hälfte reduziert ist. Die Lorbeerblätter vor dem Servieren entfernen.

# Pesto

**Ergibt 75 ml**

- 50 g frische Basilikumblätter
- 15 g Pinienkerne
- 1 Knoblauchzehe
- 1 Prise Salz
- 25 g frisch geriebener Parmesan
- 3 EL natives Olivenöl extra

Basilikumblätter, Pinienkerne, Knoblauch und Salz in einen Mörser geben und zu einer Paste verarbeiten.
In eine Schüssel geben und mit einem Holzlöffel nach und nach zuerst den Parmesan und dann das Öl einarbeiten, bis eine dicke, cremige Sauce entsteht.
Mit Frischhaltefolie abdecken und bis zum Gebrauch in den Kühlschrank stellen.

# Mayonnaise

**Ergibt 320 ml**

- 2 große Eigelb
- 2 TL Dijon-Senf
- ¾ TL Salz
- weißer Pfeffer
- 2 EL Weißweinessig
- 300 ml Sonnenblumenöl

Alle Zutaten müssen vor der Zubereitung Zimmertemperatur haben. Eigelb, Senf, Salz und Pfeffer verquirlen. Dann den Weißweinessig unterrühren.
Unter Rühren das Öl tropfenweise zugießen, bis die Creme etwas andickt. Mit Salz und Pfeffer abschmecken.
Sofort servieren oder in einem luftdicht schließenden Gefäß bis zu 1 Woche im Kühlschrank aufbewahren.

# Tzatziki

**Ergibt 500 ml**

- 500 ml griechischen Joghurt oder anderen festen Naturjoghurt
- 4 Knoblauchzehen, sehr fein gehackt
- 2 Salatgurken, geschält, entkernt und in feine Würfel geschnitten
- 1 EL natives Olivenöl extra
- 3 EL Zitronensaft
- 1 EL frische Minzeblätter, gehackt
- Pfeffer und Salz
- Paprika, zum Garnieren

ZUM SERVIEREN
- Stangensellerie, geputzt
- Karotten, in Stäbchen
- Pita-Brot, in Stücke geschnitten

Joghurt, Knoblauch, Salatgurke, Öl, Zitronensaft und Minze in einer Schüssel verrühren, bis eine cremige Masse entsteht. Mit Pfeffer und Salz abschmecken, dann mit Frischhaltefolie abdecken und für mindestens zwei Stunden in den Kühlschrank stellen.
Vor dem Servieren mit etwas Paprikapulver bestreuen. Mit Rohkost und Brot zum Dippen servieren.

# Mürbeteig

**Für eine Form mit 24 cm Ø**

- 175 g Mehl
- 1 Prise Salz
- 85 g gekühlte Butter, in Würfel geschnitten, plus etwas mehr zum Einfetten
- 1 Eigelb
- 3 EL eiskaltes Wasser

Das Mehl mit dem Salz in eine Schüssel sieben, die Butter zufügen und zwischen den Händen zu Krümeln verreiben. Eigelb und Wasser in einer kleinen Schüssel verrühren, zum Mehl geben und gut verkneten. Den Teig zu einer Kugel formen und in Frischhaltefolie einschlagen. In den Kühlschrank legen und mindestens 30 Minuten ruhen lassen.

# Blätterteig

**Für eine Form mit 26 cm Ø**

- 175 g Mehl, plus etwas mehr für die Arbeitsfläche
- 1 Prise Salz
- 175 g Butter
- 150 ml eiskaltes Wasser

Das Mehl mit dem Salz in eine Schüssel sieben. 25 g Butter zugeben und mit dem Mehl zwischen den Händen zu Krümeln verreiben. Nach und nach so viel Wasser zugeben, dass ein glatter Teig entsteht. Den Teig zu einer Kugel formen und in Frischhaltefolie einschlagen. Im Kühlschrank mindestens 30 Minuten ruhen lassen.

Die übrige Butter in Frischhaltefolie einschlagen und zu einem 3 cm dicken Rechteck ausrollen. Den Teig auf einer bemehlten Arbeitsfläche zu einem dreimal längeren und 3 cm breiteren Rechteck als die Butter ausrollen. Die Butter aus der Frischhaltefolie wickeln und in die Mitte des Teigs legen. Die Teigseiten nach innen einschlagen, sodass sie die Butter bedecken. Den Teig mit dem Nudelholz bearbeiten, damit Butter und Teig sich verbinden. Den Teig umdrehen, sodass die andere kurze Seite vor einem liegt. Den Teig dreimal falten und wieder auf die eigentliche Länge ausrollen. Den Vorgang wiederholen. Den Teig in Frischhaltefolie einschlagen, 30 Minuten kühlen. Folie entfernen und den Teig ausrollen. Den ganzen Vorgang wiederholen. Der Teig kann eingefroren werden.

# Pizzateig

**Ergibt 2 Pizzen mit 25 cm Ø**

- 225 g Mehl, plus etwas mehr zum Bestäuben
- 1 TL Salz
- 1 TL Trockenhefe
- 1 EL Olivenöl, plus etwas mehr zum Einfetten
- 90 ml lauwarmes Wasser

Für den Teig Mehl und Salz in eine Schüssel sieben und die Hefe unterrühren. Eine Mulde in die Mitte drücken und Öl und Wasser hineingießen. Mit einem Holzlöffel nach und nach die trockenen Zutaten untermengen.

Den Teig auf einer bemehlten Arbeitsfläche 5 Minuten kneten, bis er glatt und elastisch ist. In eine saubere Schüssel legen, mit eingefetteter Frischhaltefolie abdecken und an einem warmen Ort 1 Stunde gehen lassen, bis er sein Volumen verdoppelt hat.

Den Teig noch einmal durchkneten, halbieren und 2 Pizzaböden formen.

1

# Wurzel-, Knollen- & Stängelgemüse

Dieses Kapitel bringt Ihnen neue Zubereitungsarten für die klassischen Gemüsesorten nahe. Wenn Sie einmal den Gebackenen Sellerie gekostet haben, werden Sie Sellerie nie wieder nur als fade Salatzutat sehen. Auch die Kartoffeln erscheinen als Geröstete Kartoffelspalten oder Karamellisierte Süßkartoffeln in einem ganz neuen Gewand. Falls Sie nach Feiertagen etwas Leichtes zu sich nehmen möchten, dann probieren Sie die gebratenen Bohnensprossen.

# Einführung zu Wurzel-, Knollen- und Stängelgemüse

Karotten, Kartoffeln, Rüben, Sellerie und Kohlrabi sind Wurzelgemüsearten. Dieses Gemüse ließ sich früher sehr gut für den Winter lagern und versorgte die Menschen mit Nährstoffen. Stängelgemüse bereichert den Speiseplan mit den vielfältigsten Aromen – vom leicht nussig schmeckenden Spargel über den bitteren Chicorée bis zum süßlich-aromatischen Fenchel.

**Stängelgemüse**

*Dazu gehören Spargel, Fenchel, Chicorée, Sellerie und Artischocken. Letztere müssen nur in etwas Wasser gegart werden. Die Blätter lassen sich dann einzeln herauszupfen, werden in Knoblauchbutter, Mayonnaise oder Vinaigrette getunkt, und im Mund wird dann das Mark herausgesaugt. Der köstlichste Teil der Artischocke ist der Boden, der sich unter dem haarigen Kern verbirgt.*

*Chicorée*

Es gibt rötliche und gelbweiße Sorten. Chicorée wird gerne als Salatzutat verwendet und hat einen bitteren Geschmack. Sobald Chicorée gekocht oder gebacken wird, schmeckt er etwas milder.

*Fenchel*

Fenchel hat einen sehr aromatischen, anisartigen Geschmack. Dieser verliert sich etwas, sobald man Fenchel in Stücke schneidet und röstet. Dabei kommt die natürliche Süße des Gemüses zur Geltung. Fenchel passt sehr gut zu mediterranen Aromen, wie z.B. Tomaten, Olivenöl, Knoblauch und Basilikum.

*Selleriestangen*

Als Rohkost geben sie Salaten Knackigkeit, Suppen und Eintöpfen verleihen sie ein tolles Aroma. Die Blätter können in Brühen mitgekocht werden und verleihen ihnen einen etwas würzigeren Geschmack. Kaufen Sie nur feste Selleriestangen mit frischen grünen Blättern.

*Spargel*

Es gibt zwei Spargelsorten: die weiße und die grüne. Der weiße Spargel wird geerntet, bevor er die Erde durchbricht, der grüne Spargel wird über der Erde geerntet und erhält seine grüne Farbe durch den Kontakt mit dem Sonnenlicht. Bevor Spargel gekocht, gedämpft oder gebacken wird, sollten die holzigen Enden entfernt werden.

## Wurzelgemüse

*Zu dieser Gemüseart gehören Kartoffeln, Karotten, Kohlrabi, Knollensellerie, Rote Bete, Petersilien- und Schwarzwurzeln. Sie enthalten natürliche Süße, Vitamine, Mineralien und außerdem Ballaststoffe.*

*Karotten und Rote Bete*

Beim Kauf von Karotten und Roter Bete sollte man beachten, dass sie süßer schmecken, je kleiner die Knollen sind. Man kann beide Gemüsesorten gut als Rohkost in Salate reiben oder in Suppen und Eintöpfen verkochen. Rösten intensiviert ihre natürliche Süße.

*Kartoffeln*

Es gibt Hunderte verschiedene Kartoffelsorten. Festkochende Kartoffeln werden am besten mit Schale gekocht, wohingegen mehlig kochende Sorten auch gekocht und dann zerstampft werden können. Kartoffeln sollten am besten an einem trockenen, kühlen und vor allem dunklen Ort gelagert werden, damit sie keine Triebe ausbilden. Süßkartoffeln haben ein orangefarbenes oder weißes Fleisch. Erstere enthalten mehr Betacarotin, Letztere haben eine etwas trockenere Konsistenz. Beide Sorten lassen sich gut rösten, backen oder zerstampfen.

*Sellerieknolle*

Der Geschmack von Sellerieknollen ist nicht so intensiv wie der von Stangensellerie. Sie schmecken roh gerieben sehr gut in Salaten, können aber auch gedämpft, gekocht oder gebacken werden. Sehr schmackhaft ist auch ein Püree aus Sellerie und Kartoffeln.

*Topinambur*

Diese kleinen runden Wurzeln haben ein mildes, nussiges Aroma und schmecken sowohl in Suppen als auch gebacken oder geröstet. Sie sollten eher sauber geschrubbt als geschält werden.

# Süßkartoffelsuppe mit Apfel & Porree

**Für 6 Personen**

**Zutaten**

- 1 EL Butter
- 3 Porreestangen, in feinen Ringen
- 1 große Karotte, in dünnen Scheiben
- 600 g Süßkartoffeln, geschält und gewürfelt
- 2 große säuerliche Äpfel, geschält, entkernt und gewürfelt
- 1,25 l Wasser
- Salz und Pfeffer
- frisch geriebene Muskatnuss
- 250 ml Apfelsaft
- 200 g Schlagsahne
- frische Schnittlauchröllchen oder Koriandergrün, zum Garnieren

1 Die Butter in einem großen Topf bei mittlerer Hitze zerlassen. Porree zugeben, den Topf abdecken und 6–8 Minuten weich dünsten. Häufig umrühren.

2 Karotte, Süßkartoffeln, Äpfel und Wasser zugeben. Mit Salz, Pfeffer und Muskatnuss würzen und aufkochen. Die Hitze reduzieren und bei geschlossenem Deckel 20 Minuten köcheln lassen, bis das Gemüse weich ist.

3 Die Suppe etwas abkühlen lassen und portionsweise im Mixer oder mit dem Pürierstab glatt pürieren.

4 Die Suppe zurück in den Topf geben, den Apfelsaft einrühren und bei geringer Hitze etwa 10 Minuten erwärmen.

5 Sahne zugießen und etwa 5 Minuten unter häufigem Rühren leicht köcheln lassen, bis die Suppe heiß ist. Erneut mit Salz und Pfeffer abschmecken.

6 Die Suppe auf vorgewärmte Teller verteilen, mit Schnittlauch oder Koriander garnieren und sofort servieren.

# Rote-Bete-Salat

**Für 4–6 Personen**

**Zutaten**

- 1 kg Rote Bete
- 4 EL natives Olivenöl extra
- $1^1/_2$ EL Rotweinessig
- 2 Knoblauchzehen, fein gehackt
- 2 Frühlingszwiebeln, sehr fein gehackt
- grobes Meersalz

1 Das Laub der Roten Bete bis auf etwa 2 cm abschneiden. Die Knollen unter fließend kaltem Wasser vorsichtig abschrubben, um jeglichen Schmutz zu entfernen. Dabei darauf achten, dass die Haut nicht verletzt wird, sonst bluten die Knollen aus.

2 Die Rote Bete in einen großen Topf geben, mit Wasser bedecken und zum Kochen bringen. Die Hitze etwas reduzieren, den Topf bedecken und die Rote Bete 25–40 Minuten köcheln lassen, bis sie gar ist. (Zur Garprobe mit einem Metallspießchen oder Messer in die dickste Knolle stechen. Ist diese weich, kann man den Topf vom Herd nehmen.)

3 In der Zwischenzeit Öl, Essig, Knoblauch, Frühlingszwiebeln und Salz in ein Schraubglas geben und gut schütteln, bis eine cremige Salatsauce entsteht.

4 Die Rote Bete abgießen und unter fließend kaltem Wasser abschrecken. Sobald die Knollen leicht abgekühlt sind, die Haut abziehen. (Dabei Einmalhandschuhe tragen, damit sich die Finger nicht rot färben.) Die Rote Bete in Stücke schneiden und in eine Schüssel füllen. Mit dem Dressing übergießen und für mindestens 1 Stunde kalt stellen.

5 Die Rote Bete aus dem Kühlschrank nehmen und gut verrühren. In eine Servierschale füllen und servieren.

# Kartoffelrösti mit Zwiebel-Tomaten-Relish

**Für 8 Personen**

**Zutaten**

- 60 g Vollkornmehl
- 1/2 TL gemahlener Koriander
- 1/2 TL Kreuzkümmel
- 1/4 TL Chilipulver
- 1/2 TL gemahlene Kurkuma
- 1/4 TL Salz
- 1 Ei
- 3 EL Milch
- 350 g Kartoffeln, geschält
- 1–2 Knoblauchzehen, zerdrückt
- 4 Frühlingszwiebeln, fein gehackt
- 50 g Mais aus der Dose, abgetropft
- Pflanzenöl, zum Braten

ZWIEBEL-TOMATEN-RELISH

- 1 geschälte Zwiebel, fein gehackt
- 250 g Tomaten, gewürfelt
- 2 EL frisch gehackter Koriander
- 2 EL frisch gehackte Minze
- 2 EL Zitronensaft
- 1/2 TL geröstete Kreuzkümmelsamen
- 1/4 TL Salz
- 1 Prise Cayennepfeffer

1 Für das Relish alle Zutaten in eine Schüssel geben und gut verrühren. Mindestens 15 Minuten ziehen lassen, damit sich die Aromen gut entfalten können.

2 Mehl, Gewürze und Salz in eine große Schüssel geben, verrühren und eine Mulde in die Mitte drücken. Das Ei und die Milch in die Mulde geben und alles zu einem dicken Teig verkneten.

3 Die Kartoffeln grob reiben, in ein Sieb geben und unter fließend kaltem Wasser gut abspülen. Abtropfen lassen und gut ausdrücken. Mit Knoblauchzehen, Frühlingszwiebeln und Mais zum Teig geben und gut vermengen.

4 Etwa 5 mm hoch Pflanzenöl in einer großen Pfanne erhitzen. Nach und nach jeweils 1 Esslöffel von der Mischung in die Pfanne geben, mit dem Löffel flach drücken und zu kleinen Rösti formen. Bei geringer Hitze und unter häufigem Wenden 2–3 Minuten braten, bis sie goldbraun sind.

5 Die Rösti auf Küchenpapier abtropfen lassen und warm stellen. Mit dem restlichen Teig ebenso verfahren. Die Rösti mit dem Zwiebel-Tomaten-Relish servieren.

# Artischocken-Paprika-Fladen

**Ergibt 12 Stücke**

### Zutaten

- 4 EL natives Olivenöl extra, plus etwas mehr zum Einfetten
- 2 große Zwiebeln, in dünne Ringe geschnitten
- 2 Knoblauchzehen, fein gehackt
- 400 g Artischockenherzen aus der Dose, abgetropft und geviertelt
- 300 g eingelegte Paprikaschoten aus dem Glas, abgetropft und in dünne Scheiben geschnitten
- 40 g entsteinte schwarze Oliven (nach Belieben)
- Salz und Pfeffer

BROTTEIG

- 400 g Mehl, plus etwas mehr zum Bestäuben
- 1 1/2 TL Trockenhefe
- 1 TL Salz
- 1/2 TL Zucker
- 175 ml warmes Wasser
- 3 EL natives Olivenöl extra

1 Für den Teig Mehl, Hefe, Salz und Zucker in einer Schüssel verrühren und eine Vertiefung in die Mitte drücken. Wasser und Öl in die Vertiefung gießen und langsam mit den trockenen Zutaten vermengen. Gut verkneten, bis ein weicher Teig entsteht.

2 Den Teig auf einer leicht bemehlten Arbeitsfläche etwa 10 Minuten kneten, bis er glatt und elastisch ist. Zu einer Kugel formen und in eine saubere Schüssel geben. Mit einem sauberen, feuchten Küchenhandtuch bedecken und an einem warmen Ort 1 Stunde gehen lassen, bis der Teig sein Volumen verdoppelt hat.

3 In der Zwischenzeit 3 Esslöffel Olivenöl in einer großen Pfanne erhitzen und die Zwiebeln darin unter Rühren goldbraun dünsten. Knoblauch zugeben und kurz mitdünsten. Vom Herd nehmen und abkühlen lassen. Dann Artischocken und Paprika zufügen, mit Salz und Pfeffer würzen und gut verrühren.

4 Den Backofen auf 200 °C vorheizen. Ein Backblech mit etwas Öl einfetten. Den Teig erneut auf einer leicht bemehlten Arbeitsfläche 2–3 Minuten kneten, um eventuelle Luftblasen zu entfernen. Zu einem Quadrat mit etwa 30 cm Seitenlänge ausrollen und auf das Backblech legen.

5 Den Teig mit dem restlichen Öl bepinseln und die Artischocken-Paprika-Mischung darauf verteilen. Nach Belieben noch mit Oliven belegen und im Ofen 20–25 Minuten goldbraun backen. Aus dem Ofen nehmen, in 12 Stücke schneiden und warm servieren.

# Gnocchi mit Walnuss-Pesto

**Für 4 Personen**

### Zutaten

- 450 g mehlig kochende Kartoffeln
- 50 g frisch geriebener Parmesan
- 1 Ei, verquirlt
- 200 g Mehl, plus etwas mehr zum Bestäuben
- Salz und Pfeffer

WALNUSS-PESTO

- 40 g glatte Petersilie, fein gehackt
- 2 EL Kapern, abgespült und fein gehackt
- 2 Knoblauchzehen, fein gehackt
- 175 ml natives Olivenöl extra
- 70 g Walnusskerne
- 40 g frisch geriebener Pecorino oder Parmesan

1 Die Kartoffeln in einen Topf geben, mit Wasser bedecken und etwa 30–35 Minuten weich kochen. Abgießen und etwas abkühlen lassen.

2 In der Zwischenzeit für das Pesto Petersilie, Kapern, Knoblauchzehen, Olivenöl und Walnusskerne in einen Mörser geben und mit dem Stößel zu einer Paste verarbeiten. Pecorino oder Parmesan zufügen und gut verrühren.

3 Die noch warmen Kartoffeln pellen und durch ein Sieb oder eine Kartoffelpresse in eine große Schüssel drücken. Mit Salz und Pfeffer würzen und den Parmesan einrühren. Das Ei unterrühren und das Mehl über die Mischung sieben. Gut vermengen, auf eine leicht bemehlte Arbeitsfläche legen und so lange kneten, bis ein fester Teig entsteht. (Falls der Teig zu weich ist, noch etwas Mehl zufügen.)

4 Den Teig zu einer langen Rolle mit 3 cm Durchmesser formen und etwa 1 cm dicke Scheiben davon abschneiden. Mit den Zacken einer Gabel das typische Riffelmuster auf die Gnocchi drücken. Fertige Gnocchi mit einem Küchentuch bedecken, damit sie nicht austrocknen.

5 Salzwasser in einem großen Topf zum Kochen bringen und die Gnocchi darin portionsweise 1–2 Minuten garen, bis sie an die Oberfläche steigen. Mit einem Schaumlöffel aus dem Wasser heben, abtropfen lassen und warm stellen.

6 Die Gnocchi auf vorgewärmte Teller verteilen, etwas Walnuss-Pesto daraufgeben und servieren.

# Karotten-Orangen-Pfanne

**Für 4 Personen**

**Zutaten**

- 2 EL Sonnenblumenöl
- 450 g Karotten, in dünne Streifen gehobelt
- 250 g Lauch, in dünne Streifen geschnitten
- 2 Orangen, geschält und filetiert
- 2 EL Tomatenketchup
- 1 EL Demerara-Zucker
- 2 EL helle Sojasauce
- 100 g Erdnüsse, grob gehackt

1 Das Öl in einem vorgewärmten Wok erhitzen. Karotten und Lauch zugeben und 2–3 Minuten weich dünsten.

2 Die Orangenfilets zufügen und kurz pfannenrühren. Dabei darauf achten, dass die Orangenfilets möglichst ganz bleiben.

3 Tomatenketchup, Zucker und Sojasauce in einer kleinen Schüssel verrühren und über die Karottenmischung gießen. Weitere 2 Minuten pfannenrühren.

4 Die Karottenmischung auf vorgewärmte Servierschalen verteilen, die gehackten Erdnüsse darübergeben und sofort servieren.

# Kartoffelpüree mit Knoblauch

**Für 4 Personen**

**Zutaten**

- 900 g mehlig kochende Kartoffeln, geschält und gewürfelt
- Salz
- 8 Knoblauchzehen, zerdrückt
- 150 ml Milch
- 85 g Butter
- 1 Prise gemahlene Muskatnuss
- Pfeffer

1 Kartoffeln und etwas Salz in einen großen Topf geben, mit Wasser bedecken und zum Kochen bringen. Nach 10 Minuten die Knoblauchzehen zufügen und weitere 10–15 Minuten kochen, bis die Kartoffeln weich sind.

2 Abgießen und 3 Esslöffel Kochwasser aufbewahren. Das zurückbehaltene Kochwasser in den Topf geben, Milch zugießen und zum Kochen bringen. Butter, Kartoffeln und Knoblauch zufügen und vom Herd nehmen. Mit einem Kartoffelstampfer alles zu einem Püree zerdrücken.

3 Mit Salz, Pfeffer und Muskatnuss abschmecken, mit einem Holzlöffel locker aufschlagen und sofort servieren.

# Geröstete Kartoffelspalten mit Schalotten & Rosmarin

**Für 4 Personen**

**Zutaten**

- 1 kg kleine Kartoffeln
- 6 EL natives Olivenöl extra
- 2 frische Rosmarinzweige
- 150 g kleine Schalotten
- 2 Knoblauchzehen, in Scheiben geschnitten
- Salz und Pfeffer

1 Den Backofen auf 200 °C vorheizen. Die Kartoffeln schälen und achteln. In einen großen Topf mit Salzwasser geben und zum Kochen bringen. Die Hitze reduzieren und 5 Minuten köcheln lassen. Abgießen und abtropfen lassen.

2 Eine große Bratform auf die Kochplatte stellen und das Öl darin erhitzen. Die Kartoffeln zugeben und kurz anbraten. Die Nadeln von den Rosmarinzweigen abziehen und fein hacken. Zu den Kartoffeln geben und verrühren.

3 Die Kartoffeln in den Ofen geben und 35 Minuten backen. Dabei zweimal die Kartoffeln wenden. Schalotten und Knoblauch zugeben und weitere 15 Minuten rösten, bis die Kartoffeln goldbraun sind. Mit Salz und Pfeffer würzen. Direkt aus der Form servieren.

# Karamellisierte Süßkartoffeln

**Für 4 Personen**

**Zutaten**
- 500 g Süßkartoffeln
- 60 g Butter, plus etwas mehr zum Einfetten
- 60 g brauner Zucker, Ahornsirup oder Honig
- 2 EL Orangen- oder Ananassaft
- 60 g Ananasstücke (nach Belieben)
- 1 Prise gemahlener Zimt, Muskatnuss oder Lebkuchengewürz

1 Die Süßkartoffeln waschen, aber nicht schälen. Einen Topf mit leicht gesalzenem Wasser füllen und dieses zum Kochen bringen. Die Süßkartoffeln zugeben und je nach Größe etwa 30 Minuten bissfest garen. Abgießen, abtropfen und so weit abkühlen lassen, dass sie sich gut schälen lassen.

2 Den Backofen auf 200°C vorheizen. Die Süßkartoffeln in dicke Scheiben schneiden. Eine Auflaufform mit etwas Butter einfetten und die Kartoffelscheiben ziegelförmig darin anordnen. Die Butter in kleine Würfel schneiden und über die Süßkartoffeln verteilen.

3 Mit dem Zucker bestreuen und den Fruchtsaft darübergießen. Nach Belieben noch Ananasstücke und 1 Prise Zimt darübergeben.

4 In den Backofen geben und 30–40 Minuten goldbraun backen. Dabei die Süßkartoffeln immer wieder mit der Flüssigkeit übergießen. Sofort servieren.

# Geröstetes Wurzelgemüse

**Für 4–6 Personen**

**Zutaten**

- 3 Pastinaken, in 5 cm lange Stücke geschnitten
- 4 kleine Rüben, geviertelt
- 3 Karotten, in 5 cm lange Stücke geschnitten
- 450 g Butternusskürbis, geschält und in 5 cm große Würfel geschnitten
- 450 g Süßkartoffeln, geschält und in 5 cm große Würfel geschnitten
- 2 Knoblauchzehen, fein gehackt
- 2 EL frisch gehackter Rosmarin
- 2 EL frisch gehackter Thymian
- 2 TL frisch gehackter Salbei
- 3 EL Olivenöl
- Salz und Pfeffer
- 2 EL frisch gehackte gemischte Kräuter, z. B. Petersilie, Thymian und Minze, zum Garnieren

1 Den Backofen auf 220 °C vorheizen. Das Gemüse auf einem großen Backblech verteilen. Knoblauch, Rosmarin, Thymian und Salbei darüberstreuen. Das Öl darübergießen und mit Salz und Pfeffer kräftig würzen.

2 Alles gut vermengen, bis das Gemüse mit Öl überzogen ist. Sie können das Gemüse nach Belieben auch noch kurz ziehen lassen, damit sich die Aromen besser entfalten.

3 Auf der obersten Schiene des Ofens 50–60 Minuten backen, dabei das Gemüse einmal wenden. Sobald das Gemüse gar und schön angeröstet ist, aus dem Ofen nehmen. Mit den frischen Kräutern bestreuen, mit Salz und Pfeffer würzen und servieren.

# Gebackener Sellerie

**Für 4 Personen**

**Zutaten**

- 1 Staudensellerie
- 1/2 TL gemahlener Kreuzkümmel
- 1/2 TL gemahlener Koriander
- 1 Knoblauchzehe, zerdrückt
- 1 rote Zwiebel, in dünne Spalten geschnitten
- 50 g Pekannüsse, halbiert
- 150 ml Gemüsebrühe
- 150 g Sahne
- 50 g frische Vollkornsemmelbrösel
- 25 g frisch geriebener Parmesan
- Salz und Pfeffer

1 Den Backofen auf 200 °C vorheizen. Vom Staudensellerie die äußeren Stängel entfernen und in dünne Streifen schneiden. In eine mittelgroße Auflaufform geben. Kreuzkümmel, Koriander, Knoblauch, Zwiebel und Nüsse zugeben und sorgfältig vermengen.

2 Gemüsebrühe und Sahne verrühren und über den Sellerie gießen. Mit Salz und Pfeffer würzen. Semmelbrösel und Parmesan in einer kleinen Schüssel vermischen und gleichmäßig über das Selleriegemüse streuen.

3 In den Ofen geben und 40 Minuten backen, bis das Gemüse gar und die Oberfläche knusprig ist. Sofort servieren.

# Spargel mit Tomatendressing

**Für 4 Personen**

**Zutaten**

- 5 EL natives Olivenöl extra, plus etwas mehr zum Einfetten
- 50 g Pinienkerne
- 350 g Tomaten, gehäutet, entkernt und gehackt
- 2 EL Balsamico-Essig
- 500 g grüner Spargel, geputzt
- 25 g Parmesan, dünn gehobelt
- Salz und Pfeffer

1 Den Backofengrill vorheizen und den Rost mit etwas Öl einpinseln. Die Pinienkerne in einer Pfanne goldbraun anrösten. In eine Schüssel geben und beiseitestellen.

2 Tomaten, Essig und Olivenöl in einer Schüssel verrühren, mit Salz und Pfeffer abschmecken und zunächst beiseitestellen.

3 Den Spargel auf den heißen Rost legen und 4 Minuten unter Wenden garen. Vorsichtig auf einer Servierplatte anrichten und das Tomatendressing darüber verteilen. Mit den Pinienkernen und den Parmesanhobeln bestreuen und sofort servieren.

# Spargel-Tomaten-Risotto

**Für 4 Personen**

**Zutaten**

- 3 EL Butter
- 1 EL natives Olivenöl extra
- 1 kleine Zwiebel, fein gehackt
- 6 getrocknete Tomaten, in dünnen Streifen
- 280 g Arborio-Reis
- 150 ml trockener Weißwein
- 1 l heiße Gemüsebrühe (siehe Seite 36)
- Salz und Pfeffer
- 250 g frischer Spargel, gegart
- 100 g Parmesan, gerieben
- Zitronenzesten, zum Garnieren

1 In einem hohen Topf 2 Esslöffel Butter mit dem Öl bei mittlerer Hitze zerlassen. Zwiebel und Tomaten darin unter gelegentlichem Rühren 5 Minuten dünsten. Den Reis zugeben und unter ständigem Rühren 2–3 Minuten glasig dünsten. Mit dem Wein ablöschen und 1 Minute unter Rühren einkochen lassen.

2 Die Brühe nach und nach schöpflöffelweise zugeben; dabei ständig rühren und weitere Brühe zugießen, sobald der Reis die vorangegangene Portion aufgesogen hat. Insgesamt etwa 20 Minuten kochen, bis der Reis gar und cremig ist und die gesamte Brühe aufgesogen hat. Mit Salz und Pfeffer würzen.

3 Den Spargel in 2,5 cm lange Stücke schneiden; einige Stangen für die Garnierung ganz lassen und beiseitelegen. Die zerkleinerten Stücke während der letzten 5 Minuten Garzeit im Risotto mitköcheln lassen.

4 Den Risotto vom Herd nehmen und die restliche Butter einrühren. Dann den Käse unterheben und schmelzen lassen. Den fertigen Risotto auf vorgewärmte Teller verteilen und mit Spargelstangen und Zitronenzesten garniert sofort servieren.

# Bohnensprossen-Salat

**Für 4 Personen**

**Zutaten**

- 350 g Bohnensprossen
- 1 kleine Gurke
- 1 grüne Paprika, in dünne Streifen geschnitten
- 1 Karotte, in dünne Stifte geschnitten
- 2 Tomaten, fein gehackt
- 1 Selleriestange, in dünne Streifen geschnitten
- 1 Knoblauchzehe, zerdrückt
- 1 Spritzer Chilisauce
- 2 EL helle Sojasauce
- 1 TL Weißweinessig
- 2 TL Sesamöl
- Schnittlauchhalme, zum Garnieren

1 Wasser in einem großen Topf zum Kochen bringen und die Bohnensprossen 1 Minute darin blanchieren. Abgießen, unter fließend kaltem Wasser abschrecken und abtropfen lassen.

2 Die Gurke der Länge nach halbieren und mit einem Löffel entkernen. Das Fruchtfleisch in dünne Streifen schneiden. In eine Schüssel geben und mit Bohnensprossen, Paprika, Karotte, Tomaten und Sellerie vermengen.

3 In einer kleinen Schüssel Knoblauch, Chilisauce, Sojasauce, Essig und Sesamöl verrühren. Das Dressing über das Gemüse geben und alles gut vermengen. Den Salat auf 4 Teller verteilen, mit den Schnittlauchhalmen garniert servieren.

# Gebratene Bohnensprossen

**Für 4 Personen**

**Zutaten**

- 1 EL Pflanzen- oder Erdnussöl
- 250 g Bohnensprossen
- 2 EL fein gehackte Frühlingszwiebeln
- 1/2 TL Salz
- 1 Prise Zucker

1 Das Öl im vorgeheizten Wok erhitzen. Bohnensprossen und Frühlingszwiebeln etwa 1 Minute unter Rühren braten. Mit Salz und Zucker abschmecken. Die Sprossen in eine Servierschale füllen und sofort servieren.

# Fenchel-Risotto mit Wodka

**Für 4–6 Personen**

**Zutaten**

- 2 große Fenchelknollen
- 85 g Butter
- 2 EL Pflanzenöl
- 1 große Zwiebel, fein gehackt
- 350 g Arborio-Reis
- 150 ml Wodka
- 1,25 l heiße Gemüsebrühe (s. S. 36)
- Salz und Pfeffer
- 5–6 EL Zitronensaft
- 60 g Parmesan, gerieben
- Fenchelgrün, zum Garnieren (nach Belieben)

1 Die Fenchelknollen längs halbieren und den Strunk entfernen. Den restlichen Fenchel grob hacken. Nach Belieben die Fenchelreste nicht wegwerfen, sondern in die heiße Brühe geben, um deren Geschmack zu verstärken.

2 Die Hälfte der Butter mit dem Öl bei mittlerer Hitze in einem großen Topf zerlassen. Zwiebel und Fenchel darin unter gelegentlichem Rühren 5 Minuten weich dünsten. Die Hitze reduzieren, den Reis zufügen und unter ständigem Rühren 2–3 Minuten glasig dünsten. Den Wodka zugießen und 1 Minute mitkochen, bis er reduziert ist.

3 Die Brühe nach und nach schöpflöffelweise zugeben; dabei ständig rühren und weitere Brühe zugießen, sobald der Reis die vorangegangene Portion aufgesogen hat. Insgesamt etwa 20 Minuten kochen, bis der Reis gar und cremig ist und die gesamte Brühe aufgesogen hat. Mit Salz und Pfeffer würzen.

4 Den Risotto vom Herd nehmen und die restliche Butter sowie den Zitronensaft einrühren. Den Parmesan unterheben und schmelzen lassen. Nach Belieben mit etwas Fenchelgrün garnieren und sofort servieren.

2

# Gemüsefrüchte & Kürbisgewächse

Erfreuen Sie sich an der Vielfalt dieser Gemüsesorten. Auberginen, Kürbis, Zucchini, Paprika und Tomaten bringen Farbe auf jeden Teller. Sie können schonend gegart und auf die unterschiedlichsten Arten gewürzt werden. So schmecken diese Gemüsesorten nicht nur in Suppen und Pasta-Saucen, sondern auch in Currys und exotischeren Speisen. Die cremige Konsistenz von Avocados macht sie zu einem idealen Bestandteil von Dips und Suppen.

# Einführung zu Gemüsefrüchten & Kürbisgewächsen

Tomaten, Auberginen, Chillies, Avocados und Paprika sind zwar Gemüsesorten, werden botanisch aber als Früchte eingestuft, da sie die Samen der Pflanze, an der sie wachsen, in sich tragen. Diese Gemüsesorten können vielseitig zubereitet werden.

**Gemüsefrüchte**

*Die nährstoffreiche Gemüsegruppe verleiht einer Reihe von Gerichten Farbe und Geschmack.*

*Aubergine*

Auberginen gibt es in unterschiedlichen Größen und Farben. Am beliebtesten ist die große, dunkelviolette Sorte. Sie passen gut zu Eintöpfen und Tomatengerichten und können gegrillt, gebacken, geröstet oder mit etwas Knoblauch zu einem Dip verarbeitet werden.

*Avocado*

Avocados enthalten viel Vitamin C und E, das sich positiv auf Haut und Haare auswirkt. Angeschnittene Avocados müssen mit Zitronensaft beträufelt werden. Avocados schmecken roh oder gebacken.

*Chili*

Chillies spielen vor allem in der indischen, thailändischen und mexikanischen Küche eine große Rolle. Es gibt viele verschiedene Sorten, von mild bis sehr scharf.

*Paprika*

Rote, gelbe und orangefarbene Paprika enthalten viel Vitamin C. Die grüne Paprika ist nicht so nährstoffreich, da sie nicht so lange gereift ist wie die anderen Sorten. Das macht sie auch etwas schwerer verdaulich.

*Tomate*

Tomaten sind in verschiedenen Größen und Formen erhältlich. Die Sorten reichen von den kleinen süßen Kirschtomaten bis zu den großen Fleischtomaten. Für Saucen sind Eiertomaten sehr gut geeignet. Getrocknete Tomaten schmecken sehr intensiv und verfeinern Dips, Saucen, Suppen und Eintöpfe.

**Kürbisgewächse**

*Diese Gruppe bietet Gemüsesorten in vielen Farben und Formen. Die Kürbisgewächse werden in zwei Gruppen eingeteilt: die Sommerkürbisse, wie z. B. Gurken und Zucchini, und die Winterkürbisse, die fast alle Kürbissorten beinhalten.*

*Sommer*

Zucchini schmecken am besten, wenn sie noch etwas kleiner und knackiger sind. Sobald die Kerne härter werden, wächst die Zucchini und verliert an Geschmack. Zucchini sind sehr vielseitig und können gekocht, gebacken, geröstet, frittiert oder gedämpft werden. Sie passen zu einer Vielzahl von Gerichten. Die gelben Zucchiniblüten schmecken gefüllt und dann gedünstet oder können frittiert werden.

*Winter*

Der Butternusskürbis gehört zu den beliebtesten Winterspeisekürbissen. Er ist leicht birnenförmig, hat eine gelbe Schale und orangefarbenes Fleisch. Er schmeckt sowohl gebacken als auch geröstet oder püriert. Auch lässt sich mit ihm eine köstliche Kürbissuppe kochen. Kleinere Kürbisse haben ein etwas süßeres und auch ballaststoffärmeres Fleisch als die großen Sorten.

## Kürbisse zubereiten

**Kürbisse haben eine sehr dicke Haut, die oft vor dem Kochen entfernt werden muss. Wählen Sie dazu ein scharfes Messer, das gut in der Hand liegt, und ein großes Holzschneidebrett. Schneiden Sie unten und oben ein Stück vom Kürbis ab.**

**Stellen Sie nun den Kürbis auf das Schneidebrett und lassen Sie das Messer von oben nach unten zwischen Fruchtfleisch und Schale gleiten. Sobald die Schale entfernt ist, kann man den Kürbis längs halbieren und mit einem Löffel die Kerne entfernen. Dann kann das Fleisch, je nach Rezept, in Würfel oder Scheiben geschnitten werden.**

# Avocado-Mandel-Suppe

**Für 4 Personen**

**Zutaten**

- 600 ml Wasser
- 1 Zwiebel, fein gehackt
- 1 Selleriestange, fein gehackt
- 1 Karotte, gerieben
- 4 Knoblauchzehen, fein gehackt oder zerdrückt
- 1 Lorbeerblatt
- 100 g gemahlene Mandeln
- 2 reife Avocados (etwa 450 g)
- 3–4 EL frisch gepresster Zitronensaft
- Salz
- frisch gehackter Schnittlauch, zum Garnieren

1 Wasser, Zwiebel, Sellerie, Karotte, Knoblauch, Lorbeerblatt und 1/2 Teelöffel Salz in einen großen Topf geben und zum Kochen bringen. Die Hitze reduzieren, den Topf abdecken und 30 Minuten köcheln lassen, bis das Gemüse sehr weich ist.

2 Die Suppe abgießen und die Kochflüssigkeit dabei auffangen. Das Lorbeerblatt aus dem Gemüse entfernen.

3 Das Gemüse in einen Mixer oder eine Küchenmaschine geben. Die Mandeln und etwas Kochflüssigkeit zugeben und glatt mixen. Etwas Kochflüssigkeit zugießen und noch einmal mixen. In eine Schüssel geben, das restliche Kochwasser zugießen und gut verrühren. Die Schüssel abdecken und die Suppe abkühlen lassen.

4 Die Avocados halbieren und die Kerne entfernen. Mit einem Löffel das Fruchtfleisch von der Schale lösen und direkt in den Mixer geben. Die kalte Suppe nach und nach zugeben und mixen. Falls Sie eine dünnere Konsistenz wünschen, noch etwas kaltes Wasser zufügen.

5 Den Zitronensaft zugeben, mit etwas Salz abschmecken und verrühren. Auf 4 gekühlte Teller verteilen, mit Schnittlauch bestreuen und servieren.

# Guacamole

**Für 4 Personen**

**Zutaten**

- 2 große reife Avocados
- Saft von 1 Limette
- 2 TL Olivenöl
- 1/2 Zwiebel, fein gehackt
- 1 frische grüne Chili, entkernt und fein gehackt
- 1 Knoblauchzehe, zerdrückt
- 1/4 TL gemahlener Kreuzkümmel
- 1 EL frisch gehackter Koriander, plus einige Blätter zum Garnieren (nach Belieben)
- Salz und Pfeffer

1 Die Avocados längs halbieren und die Kerne entfernen.

2 Die Avocados schälen, grob würfeln und in eine Schüssel geben. Mit dem Limettensaft beträufeln und das Öl zufügen.

3 Die Avocados mit einer Gabel zerdrücken, bis die gewünschte Konsistenz – entweder glatt oder grob – erreicht ist. Zwiebel, Chili, Knoblauch, Kreuzkümmel und Koriander unterrühren und mit Salz und Pfeffer abschmecken.

4 In eine Servierschüssel geben und sofort servieren, um zu vermeiden, dass sich der Dip verfärbt. Nach Belieben mit Korianderblättern garnieren.

# Melonen-Tomaten-Suppe

**Für 6 Personen**

**Zutaten**

- 1,5 kg Wassermelone
- 4 Tomaten, gehäutet und entkernt
- 10-cm-Stück Gurke, geschält, entkernt und in Stücke geschnitten
- 2 Frühlingszwiebeln, nur die grünen Teile, fein gehackt
- 1 EL frisch gehackte Minze
- Salz und Pfeffer
- Minzestängel, zum Garnieren

1 Das Wassermelonen-Fruchtfleisch aus der Schale lösen, entkernen und in Stücke schneiden.

2 Die Tomaten mit einem Pürierstab oder in der Küchenmaschine pürieren. Bei laufendem Motor Gurke, Frühlingszwiebeln, Wassermelone und Minze zugeben. Mit Salz und Pfeffer würzen und glatt mixen.

3 Falls Sie weder Pürierstab noch eine Küchenmaschine besitzen, drücken Sie die Wassermelonenstücke durch ein feinmaschiges Sieb in eine Schüssel. Die Tomaten ganz fein hacken und zu der Wassermelone geben. Mit Salz und Pfeffer abschmecken. Die Gurke fein hacken und zusammen mit den Frühlingszwiebeln zur Mischung geben.

4 Die Suppe über Nacht kalt stellen. Noch einmal abschmecken und auf Suppentellern anrichten. Mit der Minze garnieren und servieren.

# Focaccia mit Tomaten & Rosmarin

**Für 8 Personen**

**Zutaten**

- 500 g Mehl (Type 550), plus etwas mehr zum Bestäuben
- 1 TL frisch gehackter Rosmarin, plus ein paar Blätter zum Bestreuen
- 1/2 TL Zucker
- 1 Tütchen Trockenhefe
- 2 TL Salz
- 300 ml lauwarmes Wasser
- 5 EL natives Olivenöl extra, plus etwas mehr zum Einfetten
- 6 Kirschtomaten, halbiert
- 1 TL grobkörniges Salz
- Pfeffer

1 Mehl, Rosmarin, Zucker, Hefe und Salz in einer Schüssel mischen. Wasser und 2 Esslöffel Olivenöl nach und nach einarbeiten, bis ein weicher Teig entsteht. Falls der Teig zu trocken erscheint, zusätzliches Wasser einarbeiten. Den Teig auf einer bemehlten Arbeitsfläche 10 Minuten kneten, bis er glatt und elastisch ist. Dann in eine eingefettete Schüssel geben, mit Frischhaltefolie abdecken und an einem warmen Ort 1 Stunde gehen lassen, bis sich das Volumen verdoppelt hat.

2 Unterdessen den Backofen auf 140 °C vorheizen. Die Tomatenhälften auf ein mit Backpapier ausgelegtes Backblech geben, mit Olivenöl beträufeln und mit Salz und Pfeffer würzen. Im Ofen 30 Minuten backen, bis sie weich sind.

3 Die Ofenhitze auf 220 °C erhöhen. Den Teig erneut durchkneten und in eine eingefettete Springform (mindestens 20 cm Ø) geben. Die Teigoberfläche mit den Fingern 12-mal eindrücken und die Tomatenhälften in die Mulden drücken. 2 Esslöffel Olivenöl auf den Teig träufeln und das grobkörnige Salz, Pfeffer und Rosmarinblätter darüberstreuen. An einem warmen Ort 10 Minuten gehen lassen. Dann im Ofen 15–20 Minuten goldbraun backen. Mit dem restlichen Olivenöl beträufeln und etwas abkühlen lassen. Noch warm servieren.

# Gegrillte Paprika mit Feta

**Ergibt 12 Stück**

**Zutaten**

- 125 g Feta
- 12 spitze rote oder grüne Paprika
- natives Olivenöl extra
- Pfeffer

1 Den Feta in eine Schüssel geben und mit etwas warmem Wasser bedecken. Den Käse 1 Stunde lang einweichen, dabei zweimal das Wasser wechseln. Den Backofengrill auf höchster Stufe vorheizen.

2 Die Paprika mit etwas Olivenöl einreiben und auf ein Backblech legen. Auf höchster Stufe etwa 10 Minuten grillen, bis die Haut an einigen Stellen schwarz wird. Dabei einmal wenden. In eine Schüssel legen, mit einem sauberen Spültuch abdecken und abkühlen lassen.

3 Die Haut von den Paprika abziehen, dann am Stiel so viel abschneiden, dass 4 cm lange Paprikastücke übrig bleiben. Mit einem Teelöffel vorsichtig die Kerne aus den Paprika entfernen.

4 Den Feta abgießen und mit einer Gabel zu einer dicken Paste verarbeiten. Jeweils 1 Teelöffel Fetapaste in eine Paprika geben und mit den Fingern vorsichtig hineindrücken. Auf einem Teller anrichten, mit Olivenöl beträufeln und mit Pfeffer würzen. In den Kühlschrank stellen und vollständig auskühlen lassen. Servieren.

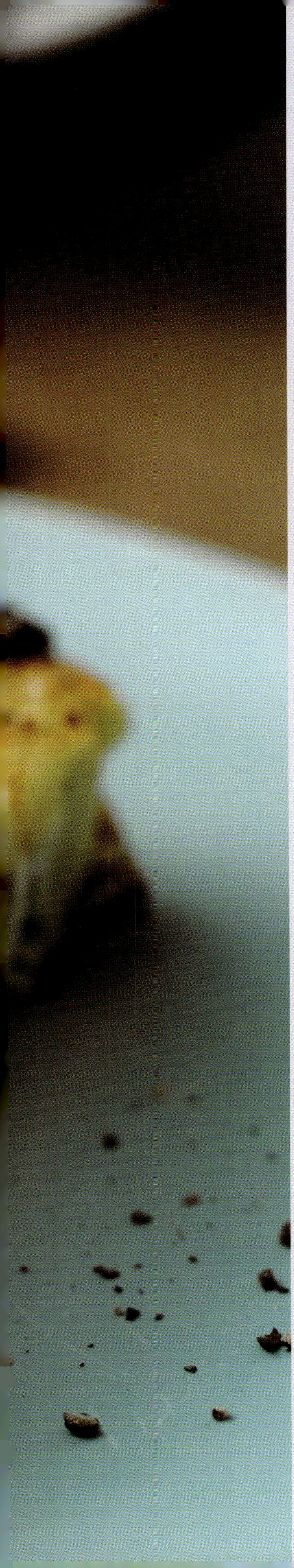

# Tomaten-Kartoffel-Tortilla

**Für 6 Personen**

**Zutaten**

- 1 kg Kartoffeln, geschält und gewürfelt
- 2 EL natives Olivenöl extra
- 1 Bund Frühlingszwiebeln, in Ringen
- 125 g Kirschtomaten, halbiert
- 6 Eier
- 3 EL Wasser
- Salz und Pfeffer
- 2 EL frisch gehackte Petersilie

1 Die Kartoffeln in leicht gesalzenem Wasser in 8–10 Minuten gar kochen. Abtropfen lassen und beiseitestellen.

2 Den Backofengrill auf mittlerer Stufe vorheizen. Das Öl in einer großen hitzebeständigen Pfanne erhitzen und die Frühlingszwiebeln darin weich dünsten. Die Kartoffeln zufügen und 3–4 Minuten unter Rühren dünsten, bis sie mit Öl überzogen und heiß sind. Alles glatt streichen und die Tomatenhälften in die Kartoffel-Zwiebel-Mischung drücken.

3 Eier, Wasser, Salz, Pfeffer und Petersilie in einer Schüssel vermengen und über die Kartoffelmischung gießen. Die Tortilla bei geringer Hitze 10–15 Minuten garen, bis sie einigermaßen fest ist.

4 Die Pfanne unter den heißen Grill stellen, bis die Oberfläche der Tortilla braun und fest ist. 10–15 Minuten in der Pfanne abkühlen lassen, dann auf einen Teller gleiten lassen. In Stücke schneiden und sofort servieren.

# Nudelsalat mit Paprika

**Für 4 Personen**

**Zutaten**

- 1 rote Paprika
- 1 orangefarbene Paprika
- 300 g Conchiglie
- 5 EL natives Olivenöl extra
- 2 EL Zitronensaft
- 2 EL Pesto
- 1 Knoblauchzehe
- 3 EL frisch gezupftes Basilikum
- Salz und Pfeffer

1 Den Backofengrill vorheizen. Die ganzen Paprika auf ein Backblech legen und 15 Minuten grillen, dabei häufig wenden, bis sie rundum gebräunt sind. Die Paprika in eine Schüssel legen, mit Folie abdecken und beiseitestellen.

2 Unterdessen in einem großen Topf leicht gesalzenes Wasser aufkochen und die Nudeln darin 8–10 Minuten al dente kochen.

3 Olivenöl, Zitronensaft, Pesto und Knoblauch in einer Schüssel gründlich verrühren. Die Nudeln abgießen und noch heiß mit der Pesto-Mischung vermengen. Dann beiseitestellen.

4 Von den abgekühlten Paprika die Haut abziehen, die Paprika aufschneiden und die Kerne entfernen. Das Fruchtfleisch grob hacken und mit dem Basilikum zu den Nudeln geben. Mit Salz und Pfeffer abschmecken und alles gut vermengen. Warm servieren.

# Zucchini-Basilikum-Risotto

**Für 4 Personen**

**Zutaten**

- 4 EL Olivenöl mit Basilikum aromatisiert, plus etwas mehr zum Beträufeln
- 4 Zucchini, gewürfelt
- 1 gelbe Paprika, gewürfelt
- 2 Knoblauchzehen, fein gehackt
- 1 große Zwiebel, fein gehackt
- 400 g Arborio- oder Carnaroli-Reis
- 4 EL trockener weißer Wermut
- 1,5 l Gemüsebrühe (s. S. 36)
- 2 EL zimmerwarme Butter
- eine Handvoll Basilikumblätter, zerzupft, plus ein paar Blätter zum Garnieren
- 85 g frisch geriebener Parmesan

1 Die Hälfte des Olivenöls in einer großen Pfanne erhitzen. Zucchini und Paprika zugeben und 3–4 Minuten stark anbraten. Knoblauch zugeben und kurz weiterdünsten. Auf einen Teller geben und beiseitestellen.

2 Das restliche Öl in einem großen Topf bei mittlerer Temperatur erhitzen und die Zwiebel darin weich dünsten. Den Reis zugeben und unter Rühren 2 Minuten anbraten, bis er glasig wird.

3 Den Wermut zugießen; er wird sofort verdampfen. Einen Schöpflöffel voll Brühe zugeben und ständig rühren, bis der Reis die Brühe aufgesogen hat.

4 Auf diese Weise die komplette Brühe zugeben. Dabei stets warten, bis der Reis die vorangegangene Portion aufgesogen hat. Nach 20–25 Minuten Kochzeit sollte der Reis die komplette Brühe aufgesogen haben und gar, aber noch bissfest sein.

5 Nun die Zucchini-Mischung, Butter, Basilikum und Parmesan zugeben und gut verrühren. Den fertigen Risotto auf 4 vorgewärmte Teller verteilen und mit Olivenöl beträufeln. Mit ein paar Basilikumblättern garnieren und heiß servieren.

# Pasta all'arrabbiata

**Für 4 Personen**

**Zutaten**
- 350 g Tortiglioni
- 4 EL frisch gehackte glatte Petersilie
- Salz und Pfeffer
- Pecorino-Späne, zum Garnieren

SUGO
- 5 EL natives Olivenöl extra
- 450 g Eiertomaten, gewürfelt
- Salz und Pfeffer
- 150 ml trockener Weißwein
- 1 EL pürierte getrocknete Tomaten
- 2 frische rote Chillies
- 2 Knoblauchzehen, fein gehackt

1 Für den Sugo das Öl in einer Pfanne stark erhitzen. Die Tomaten zugeben und unter Rühren 2–3 Minuten anbraten. Die Hitze reduzieren und die Tomaten 20–30 Minuten köcheln lassen, bis sie ganz weich geworden sind. Mit Salz und Pfeffer abschmecken und den Sugo durch ein Haarsieb in einen Topf passieren.

2 Wein, getrocknete Tomaten, ganze Chillies und Knoblauch zufügen und zum Kochen bringen. Die Hitze reduzieren und die Sauce einköcheln lassen.

3 Reichlich Wasser mit Salz in einen Topf füllen und zum Kochen bringen. Die Nudeln zugeben und in 8–10 Minuten al dente kochen.

4 Die Chillies aus dem Sugo entfernen. (Falls Sie die Sauce schärfer mögen, können sie die Chillies auch fein hacken und zurück in den Topf geben.) Die Sauce mit Salz und Pfeffer abschmecken und die Hälfte der Petersilie einrühren.

5 Die Nudeln abgießen und in eine große vorgewärmte Servierschüssel geben. Die Sauce über die Nudeln gießen und vorsichtig vermengen. Mit der restlichen Petersilie bestreuen, mit den Pecorino-Spänen garnieren und sofort servieren.

# Chili-Tofu-Tortillas

**Für 8 Personen**

**Zutaten**

- 1/2 TL Chilipulver
- 1 TL Paprikapulver
- 2 EL Mehl
- Salz und Pfeffer
- 250 g schnittfester Tofu, in 1 cm große Würfel geschnitten
- 2 EL Pflanzenöl
- 1 Zwiebel, fein gehackt
- 1 Knoblauchzehe, zerdrückt
- 1 große rote Paprika, entkernt und fein gehackt
- 1 große reife Avocado
- 1 EL Limettensaft
- 4 Tomaten, gehäutet, entkernt und fein gehackt
- 125 g Emmentaler, gerieben
- 8 weiche Tortillas
- 150 ml Sauerrahm
- eingelegte grüne Jalapeños, zum Servieren

SAUCE

- 850 g Sugo (s. S. 97)
- 3 TL frisch gehackte Petersilie
- 3 EL frisch gehackter Koriander

1 Den Backofen auf 190 °C vorheizen. Chili-, Paprikapulver, Mehl, Salz und Pfeffer in einer Schüssel vermischen. Die Tofuwürfel zugeben und mit der Gewürzmischung bedecken.

2 Das Öl in einer Pfanne erhitzen und den Tofu 3–4 Minuten goldbraun anbraten. Mit einem Schaumlöffel aus der Pfanne heben und auf etwas Küchenpapier abtropfen lassen.

3 Zwiebel, Knoblauch und Paprika in die Pfanne geben und 2–3 Minuten weich dünsten. Auf einen Teller geben und beiseitestellen.

4 Die Avocado halbieren, den Kern entfernen und schälen. Die Avocado der Länge nach in Scheiben schneiden, in eine Schüssel geben und mit dem Limettensaft beträufeln, damit sie nicht braun wird.

5 Tofuwürfel, Zwiebelmischung, Tomaten und die Hälfte des Käses zur Avocado geben und verrühren. Jeweils ein Achtel der Mischung in die Mitte jeder Tortilla streichen und etwas Sauerrahm darübergeben. Die Tortillas nun vorsichtig aufrollen.

6 Die Tortillas nebeneinander in eine flache Auflaufform legen.

7 Für die Sauce alle Zutaten in einer Schüssel verrühren und über die Tortillas verteilen. Den restlichen Käse darüberstreuen und die Tortillas im Ofen etwa 25 Minuten backen, bis der Käse goldbraun ist.

8 Die Tortillas mit den Jalapeños bestreuen und sofort servieren.

# Radiatori mit Kürbissauce

**Für 4 Personen**

**Zutaten**

- 60 g Butter
- 120 g weiße Zwiebeln oder Schalotten, sehr fein gehackt
- Salz
- 800 g Kürbis
- 1 Prise frisch geriebene Muskatnuss
- 350 g Radiatori
- 200 g Sahne
- 4 EL frisch geriebener Parmesan, plus etwas mehr zum Garnieren
- 2 EL frisch gehackte glatte Petersilie
- Salz und Pfeffer

1 Die Butter bei schwacher Hitze in einem Topf zerlassen. Die Zwiebeln zugeben, mit etwas Salz bestreuen, abdecken und unter häufigem Rühren 10 Minuten dünsten.

2 Die Kerne aus dem Kürbis entfernen, den Kürbis nach Belieben schälen und das Fruchtfleisch hacken. Den Kürbis in den Topf geben und mit Muskatnuss würzen. Den Deckel auflegen und bei schwacher Hitze 45 Minuten köcheln, dabei gelegentlich rühren.

3 In der Zwischenzeit in einem großen Topf Salzwasser aufkochen und die Nudeln darin 8–10 Minuten al dente kochen. Abgießen und dabei 150 ml des Kochsuds aufbewahren.

4 Sahne, Parmesan und Petersilie zur Kürbissauce geben und mit Salz und Pfeffer abschmecken. Ist die Flüssigkeit zu dick, etwas Kochsud zugeben. Die Nudeln zufügen und gut vermengen. Mit Parmesan bestreuen und sofort servieren.

# Kürbis-Maronen-Risotto

**Für 4 Personen**

**Zutaten**

- 3 EL Butter
- 1 EL natives Olivenöl extra
- 1 kleine Zwiebel, fein gehackt
- 250 g Kürbis, gewürfelt
- 250 g Maronen, gekocht, geschält und grob gehackt
- 350 g Arborio-Reis
- 150 ml trockener Weißwein
- 1 TL zerriebene Safranfäden (nach Belieben)
- 1 l heiße Gemüsebrühe (s. S. 36)
- Salz und Pfeffer
- 85 g Parmesan, gerieben

1 In einem großen Topf 2 Esslöffel Butter mit dem Öl bei mittlerer Hitze zerlassen. Zwiebel und Kürbis darin unter gelegentlichem Rühren 5 Minuten dünsten, bis die Zwiebel weich ist und der Kürbis gerade braun wird. Dann die Maronen einrühren.

2 Die Hitze reduzieren, den Reis zufügen und unter ständigem Rühren 2–3 Minuten glasig dünsten. Mit dem Wein ablöschen und 1 Minute unter Rühren mitkochen.

3 Die Safranfäden, falls verwendet, in 4 Esslöffeln heißer Brühe auflösen und zum Reis geben. Rühren, bis der Reis die Flüssigkeit aufgesogen hat.

4 Nun die Brühe nach und nach schöpflöffelweise zugeben; dabei ständig rühren und weitere Brühe zugießen, sobald der Reis die vorangegangene Portion aufgesogen hat. Insgesamt etwa 20 Minuten kochen, bis der Reis gar und cremig ist und die gesamte Brühe aufgenommen hat. Mit Salz und Pfeffer abschmecken.

5 Den Risotto vom Herd nehmen und die restliche Butter einrühren. Dann den Käse unterheben und schmelzen lassen. Den Risotto auf 4 vorgewärmte Teller verteilen und sofort servieren.

# Pfannengerührter Kürbis

**Für 4 Personen**

**Zutaten**

- 1 kg Butternusskürbis, geschält
- 3 EL Erdnussöl
- 1 Zwiebel, in Ringe geschnitten
- 2 Knoblauchzehen, zerdrückt
- 1 TL Koriandersamen
- 1 TL Kreuzkümmelsamen
- 2 EL frisch gehackter Koriander
- 150 ml Kokosmilch
- 100 ml Wasser
- 100 g gesalzene Cashewkerne

ZUM GARNIEREN

- frisch abgeriebene Limettenschale
- frischer Koriander
- Limettenscheiben

1 Den Kürbis mit einem scharfen Messer in kleine, mundgerechte Stücke schneiden.

2 Das Öl in einem Wok oder einer großen Pfanne erhitzen.

3 Kürbis, Zwiebel und Knoblauch in den Wok geben und dann 5 Minuten pfannenrühren.

4 Koriandersamen, Kreuzkümmel und gehackten Koriander zufügen und 1 weitere Minute pfannenrühren.

5 Mit Kokosmilch und Wasser ablöschen und zum Kochen bringen. Den Wok abdecken und alles 10–15 Minuten köcheln lassen, bis der Kürbis gar ist.

6 Die Cashewkerne zugeben und alles gut verrühren.

7 In eine vorgewärmte Servierschale geben und mit Limettenschale, Koriander und Limettenscheiben garnieren. Sofort heiß servieren.

# Gefüllte Auberginen

**Für 4 Personen**

**Zutaten**

- 250 g Penne oder andere kurze Nudeln
- 4 EL Olivenöl, plus etwas mehr zum Einfetten
- 2 Auberginen
- 1 große Zwiebel, klein gehackt
- 2 Knoblauchzehen, zerdrückt
- 400 g Tomatenstücke aus der Dose
- 2 TL getrockneter Oregano
- 50 g Mozzarella, in dünne Scheiben geschnitten
- 25 g frisch geriebener Parmesan
- 5 EL Semmelbrösel
- Salz und Pfeffer

1 Den Backofen auf 200 °C vorheizen. Einen Topf mit leicht gesalzenem Wasser füllen und dieses zum Kochen bringen. Die Nudeln und 1 Esslöffel Öl zugeben und 8–10 Minuten al dente kochen. Abgießen, zurück in den Topf geben und diesen abdecken, um die Nudeln warm zu halten.

2 Die Auberginen der Länge nach halbieren. Das Auberginenfleisch am Rand herum einschneiden; dabei vorsichtig arbeiten, damit man die Schale nicht verletzt. Nun das Fleisch mit einem Löffel aus der Schale lösen. Das Innere der Aubergine mit etwas Öl einpinseln. Das Fleisch fein hacken und beiseitestellen.

3 Das restliche Öl in einer Pfanne erhitzen, die Zwiebel zugeben und bei geringer Hitze 5 Minuten weich dünsten. Den Knoblauch zufügen und 1 weitere Minute dünsten. Dann das Auberginenfleisch zugeben und unter Rühren 5 Minuten anbraten. Tomaten und Oregano in die Pfanne geben und alles mit Salz und Pfeffer würzen. Zum Kochen bringen und 10 Minuten köcheln lassen, bis es etwas andickt. Die Pfanne vom Herd nehmen und die Nudeln einrühren.

4 Eine Auflaufform mit etwas Öl einfetten und die Auberginenhälften hineinlegen. Die Auberginenhälften mit der Hälfte der Nudelmischung füllen. Mit den Mozzarellascheiben belegen und mit der restlichen Nudelmischung auffüllen. Parmesan und Semmelbrösel vermischen, die Auberginen damit bestreuen und etwas andrücken.

5 Im Ofen 25 Minuten goldbraun backen und heiß servieren.

# Auberginen-Curry

**Für 4 Personen**

**Zutaten**

- Erdnuss- oder Pflanzenöl, zum Frittieren, plus 2 EL mehr zum Braten
- 2 Auberginen, in 2 cm große Würfel geschnitten
- 1 Bund Frühlingszwiebeln, grob gehackt
- 2 Knoblauchzehen, zerdrückt
- 2 rote Paprika, in 2 cm große Würfel geschnitten
- 3 Zucchini, in dicke Scheiben geschnitten
- 2 EL rote Currypaste
- 400 ml Kokosmilch
- 1 Handvoll frischer Koriander, gehackt, plus ein paar Blätter mehr zum Garnieren
- gekochter Reis oder Nudeln, zum Servieren

1 Das Öl zum Frittieren in einem vorgewärmten Wok oder einem großen Topf auf 180 °C erhitzen. (Ein Brotwürfel bräunt darin in 30 Sekunden.) Einige Auberginenwürfel zugeben und etwa 1 Minute knusprig braun braten. Mit einem Schaumlöffel aus dem Wok nehmen und auf Küchenpapier abtropfen lassen. Auf diese Weise mit den restlichen Auberginenwürfeln verfahren.

2 Das restliche Öl in einem weiteren Wok oder einer großen Pfanne erhitzen. Frühlingszwiebeln und Knoblauch zugeben und bei mittlerer Hitze 1 Minute pfannenrühren. Paprika und Zucchini zufügen und weitere 3 Minuten pfannenrühren. Die Currypaste zugeben, kurz anbraten und mit Kokosmilch ablöschen. Unter Rühren zum Kochen bringen. Auberginen und Koriander einrühren, die Hitze reduzieren und 2–3 Minuten köcheln lassen.

3 Das Curry in eine Servierschüssel füllen, mit Koriander garnieren und mit Nudeln oder Reis servieren.

# Polenta mit Tomaten & Knoblauchsauce

**Für 4 Personen**

**Zutaten**

- 700 ml Gemüsebrühe (s. S. 36) oder Wasser
- Salz und Pfeffer
- 175 g Instant-Polenta
- 25 g Butter
- 3 EL Schnittlauchröllchen
- 2 EL frisch gehackte glatte Petersilie
- Olivenöl, zum Einfetten
- 4 Eiertomaten, halbiert

KNOBLAUCHSAUCE

- 2 dicke Scheiben Weißbrot, Rinde entfernt
- 3 Knoblauchzehen, fein gehackt
- 1/2 TL Salz
- 120 g Walnüsse
- 3 EL Zitronensaft
- 7 EL Olivenöl

1 Die Gemüsebrühe in einem großen Topf zum Kochen bringen und 1 Teelöffel Salz zufügen. Die Polenta zugeben und unter Rühren etwa 5 Minuten kochen, bis sie sich von den Topfwänden ablöst.

2 Den Topf vom Herd nehmen und Butter, Schnittlauch und Petersilie einrühren. Mit Pfeffer würzen. Die Polenta in eine eingefettete runde Backform stürzen und mit einem angefeuchteten Spatel glatt streichen. Beiseitestellen und abkühlen lassen.

3 Für die Knoblauchsauce das Brot in Stücke zupfen und in eine Schüssel geben. Mit kaltem Wasser bedecken und 10 Minuten einweichen. Die Knoblauchzehen in einem Mörser mit 1/2 Teelöffel Salz zu einer Paste zerstoßen. Die Walnüsse zugeben und ebenfalls zerstoßen. Das eingeweichte Brot gut ausdrücken, in den Mörser geben und mit der Knoblauchmischung vermengen. Den Zitronensaft zugießen und verrühren. Nun das Olivenöl zugeben und so lange verrühren, bis die Sauce andickt und cremig ist. In eine Schüssel füllen, mit Frischhaltefolie abdecken und beiseitestellen.

4 Den Backofengrill vorheizen und den Rost mit etwas Öl einpinseln. Die Polenta in Portionsstücke schneiden. Die Tomaten mit Salz und Pfeffer würzen. Polentastücke und Tomatenhälften auf den Rost legen und 4–5 Minuten grillen.

5 Polentastücke und Tomaten auf 4 vorgewärmte Teller verteilen und mit der Knoblauchsauce beträufeln. Sofort servieren.

3

# Pilze & Zwiebelgewächse

Falls Sie bis jetzt Zwiebeln immer nur klein gehackt und gedünstet haben, werden die Rezepte in diesem Kapitel Sie überraschen, wie viele weitere Möglichkeiten es gibt, Zwiebeln zuzubereiten. Zwiebelgewächse werden beinahe in jedem Gericht verwendet und verleihen Suppen, Nudelsaucen und indischen Speisen eine würzige Geschmacksnuance. Wildpilze schmecken meist besser als Zuchtpilze, lassen sich aber natürlich durch diese ersetzen.

# Einführung zu Pilzen & Zwiebelgewächsen

Die Zwiebel muss nicht unbedingt ein Würzmittel für andere Gemüsesorten sein, sie schmeckt auch solo sehr gut, wenn sie selbst als Gemüsebeilage zubereitet wird. Pilze können roh als Salatzutat verwendet oder auch gekocht werden und geben vielen Gerichten wie z. B. Risottos oder Suppen ein besonderes Aroma.

## Pilze

*Sowohl Zucht- als auch Wildpilze sind ganzjährig im Handel erhältlich. Zu Ersteren gehören weiße und braune Champignons, Shiitake- und Austernpilze. Wildpilze variieren enorm in Größe, Form und Farbe. Zu ihnen zählen unter anderem Steinpilze, Pfifferlinge und Morcheln. Man bekommt sie frisch oder getrocknet. Getrocknete Pilze sollten mindestens 30 Minuten in heißem Wasser eingeweicht werden. Dann werden sie abgegossen und gut ausgespült, um eventuelle Verunreinigungen zu entfernen. Das Einweichwasser kann passiert und hervorragend für Saucen und Brühen verwendet werden.*

*Pfifferlinge*

Goldgelbe Pfifferlinge sind eine Delikatesse. Sie sollten nicht abgespült, sondern, wie die meisten Pilzarten, mit etwas Küchenpapier gesäubert werden. Andernfalls nehmen sie zu viel Wasser auf.

*Shiitake und Austernpilze*

Beide Pilzsorten werden mittlerweile auch gezüchtet. Austernpilze haben meist eine graubraune Farbe, können aber auch manchmal gelb oder leicht rosafarben sein. Shiitake haben eine etwas festere Konsistenz und ein sehr starkes Aroma. Sie werden meist in asiatischen Gerichten verwendet.

*Steinpilze*

Steinpilze haben eine saftige Konsistenz und einen holzig-aromatischen Geschmack. Getrocknete Steinpilze verfeinern Suppen, Brühen und Saucen ganz vorzüglich.

## Zwiebelgewächse

*Zwiebeln, Knoblauch, Porree, Schalotten und Frühlingszwiebeln verleihen den meisten pikanten vegetarischen Speisen Würze, können aber auch als separates Gemüsegericht zubereitet werden. Zwiebeln und Knoblauch sollten an einem kühlen, trockenen und dunklen Ort aufbewahrt werden.*

*Zwiebeln*

Dieses Gemüse enthält viele Antioxidantien. Sobald Zwiebeln gegart werden, verlieren sie ihren scharfen Geschmack und entfalten ihre natürliche Süße. Zwiebeln sind ganzjährig in verschiedenen Sorten erhältlich, deren Farbe von Gelb über Weiß bis Rot variiert. Ihre Größe reicht von sehr kleinen Perlzwiebeln über die mittelgroße Speisezwiebel bis zu den großen Gemüsezwiebeln.

# Cremige Pilzsuppe mit Estragon

**Für 4–6 Personen**

**Zutaten**

- 50 g Butter
- 1 Zwiebel, gehackt
- 700 g kleine Champignons, grob gehackt
- 850 ml Gemüsebrühe (s. S. 36)
- 3 EL frisch gehackter Estragon, plus etwas mehr zum Garnieren
- 150 g Crème fraîche
- Olivenöl, zum Beträufeln
- Salz und Pfeffer

1 Die Hälfte der Butter in einem großen Topf zerlassen. Die Zwiebeln zugeben und bei mittlerer Temperatur weich dünsten. Die restliche Butter und die Champignons zufügen und alles etwa 5 Minuten anbräunen.

2 Gemüsebrühe und Estragon zugeben und zum Kochen bringen. Die Hitze reduzieren und 20 Minuten köcheln lassen. In die Küchenmaschine oder den Mixer gießen und cremig pürieren. Die Suppe zurück in den Topf geben.

3 Die Crème fraîche einrühren und mit Salz und Pfeffer abschmecken. Die Suppe vorsichtig erwärmen. Die heiße Suppe auf 4–6 vorgewärmte Suppenteller oder -schalen verteilen. Mit Estragon bestreuen, mit Olivenöl beträufeln und sofort heiß servieren.

# Bruschetta mit Waldpilzen

**Für 4 Personen**

**Zutaten**

- 4 Scheiben Ciabatta oder anderes Weißbrot
- 3 Knoblauchzehen, 1 halbiert und 2 zerdrückt
- 3 EL natives Olivenöl extra
- 250 g gemischte Pilze, z. B. Steinpilze, Pfifferlinge und braune Champignons
- 25 g Butter
- 1 kleine Zwiebel oder 2 Schalotten, fein gehackt
- 50 ml trockener Weißwein oder Marsala
- Salz und Pfeffer
- 2 EL frisch gehackte glatte Petersilie, zum Garnieren

1 Den Backofen auf 180 °C vorheizen. Die Brotscheiben auf den Grillrost legen und kurz im Backofen anrösten. Mit den Knoblauchhälften einreiben und mit 2 Esslöffeln Olivenöl beträufeln. Auf ein Backblech legen und im ausgeschalteten Ofen warm halten.

2 Die Pilze putzen. Größere Pilze in Scheiben schneiden. Das restliche Öl und die Hälfte der Butter in einer Pfanne erhitzen und die Pilze darin bei mittlerer Hitze 3–4 Minuten weich dünsten. Mit einem Schaumlöffel aus der Pfanne heben, auf einen Teller legen und warm halten.

3 Die restliche Butter in der Pfanne erhitzen und Zwiebel und zerdrückten Knoblauch darin bei mittlerer Hitze 3–4 Minuten weich dünsten. Mit dem Wein ablöschen, verrühren und 2–3 Minuten köcheln lassen, bis die Sauce etwas andickt. Die Pilze zugeben und verrühren. Die Sauce sollte sehr dick sein.

4 Die Pilze auf den Bruschettascheiben verteilen, mit Petersilie bestreuen und sofort servieren.

# Pasta mit Pilzen & Portwein

**Für 4 Personen**

**Zutaten**

- 50 g Butter
- 2 EL Olivenöl
- 6 Schalotten, in Ringe geschnitten
- 500 g kleine Champignons, in Scheiben geschnitten
- Salz und Pfeffer
- 1 TL Mehl
- 150 g Crème double oder Schlagsahne
- 2 EL Portwein
- 120 g getrocknete Tomaten, gehackt
- frisch geriebene Muskatnuss
- 500 g Spaghetti
- 1 EL frisch gehackte Petersilie, zum Garnieren
- 3 Scheiben geröstetes Weißbrot, halbiert, zum Servieren

1 Die Butter und 1 Esslöffel Olivenöl in einem großen Topf erhitzen. Die Schalotten zugeben und bei mittlerer Hitze 3 Minuten dünsten. Die Pilze zufügen und bei geringer Hitze 2 Minuten anbraten. Mit Salz und Pfeffer würzen. Mit dem Mehl bestreuen und unter Rühren 1 Minute anbraten.

2 Nach und nach Crème double und Portwein einrühren. Die Tomaten zugeben, mit geriebener Muskatnuss abschmecken und bei geringer Hitze 8 Minuten köcheln.

3 Salzwasser in einem großen Topf zum Kochen bringen. Die Spaghetti und das restliche Olivenöl zugeben und 8–10 Minuten (oder nach Packungsanweisung) al dente kochen.

4 Die Spaghetti abgießen und zurück in den Topf geben. Die Pilzsauce darübergießen, gut vermengen und 3 Minuten erhitzen. Die Nudeln auf Tellern anrichten und mit Petersilie bestreuen. Mit geröstetem Weißbrot sofort servieren.

# Parmesan-Risotto mit Champignons

**Für 4 Personen**

**Zutaten**

- 2 EL natives Olivenöl extra
- 250 g Arborio-Reis
- 2 Knoblauchzehen, zerdrückt
- 1 Zwiebel, gehackt
- 2 Selleriestangen, gehackt
- 1 rote oder grüne Paprika, gehackt
- 250 g Champignons, in dünnen Scheiben
- 1 EL frisch gehackter Oregano oder 1 TL getrockneter Oregano
- 1 l heiße Gemüsebrühe (s. S. 36)
- 50 g getrocknete Tomaten in Öl, abgetropft und gehackt (nach Belieben)
- Salz und Pfeffer
- 50 g Parmesan, gerieben
- frische Petersilie oder Lorbeerblätter, zum Garnieren

1 Das Öl in einem großen Topf erhitzen. Den Reis darin bei geringer Hitze unter Rühren 2–3 Minuten glasig dünsten.

2 Knoblauch, Zwiebel, Sellerie und Paprika zufügen und unter Rühren 5 Minuten dünsten. Die Pilze einrühren und 3–4 Minuten mitgaren, dann den Oregano zugeben.

3 Die Brühe nach und nach schöpflöffelweise zugeben; dabei ständig rühren und weitere Brühe zugießen, sobald der Reis die vorangegangene Portion aufgesogen hat. Insgesamt etwa 20 Minuten kochen, bis der Reis cremig ist und die gesamte Brühe aufgenommen hat. 5 Minuten vor Ende der Garzeit nach Belieben die getrockneten Tomaten zufügen und mit Salz und Pfeffer abschmecken.

4 Den Risotto vom Herd nehmen, die Hälfte des Parmesans einrühren und schmelzen lassen. Auf vorgewärmte Teller verteilen, mit dem restlichen Käse bestreuen, mit Petersilie oder Lorbeerblättern garnieren und servieren.

# Pizza mit gemischten Pilzen

**Ergibt 2 Pizzen**

**Zutaten**

- 1 Portion Pizzateig (s. S. 39)
- 3 EL Oliven- oder Pflanzenöl
- 2 Knoblauchzehen, zerdrückt
- 2 EL frisch gehackter Oregano
- 80 g Ricotta
- 1 EL Milch
- 40 g Butter
- 350 g gemischte Pilze, z. B. Steinpilze, Pfifferlinge und braune Champignons, in Scheiben geschnitten
- 2 TL Zitronensaft
- 1 EL frisch gehackter Majoran
- 4 EL frisch geriebener Parmesan
- Salz und Pfeffer

1 Den Backofen auf 230 °C vorheizen. Den Teig noch einmal auf einer bemehlten Arbeitsfläche durchkneten, halbieren und jeweils zu 5 mm dicken Teigkreisen ausrollen. Diese auf ein eingefettetes Backblech legen und die Ränder etwas nach oben biegen.

2 2 Esslöffel Öl, Knoblauch und Oregano in einer kleinen Schüssel verrühren und auf die Pizzaböden pinseln.

3 Ricotta und Milch in einer Schüssel verrühren, mit Salz und Pfeffer abschmecken und die Mischung auf den Pizzaböden verteilen.

4 Die Butter und das restliche Öl in einer Pfanne erhitzen. Die Pilze zugeben und bei starker Hitze 2 Minuten anbraten. Die Pfanne vom Herd nehmen und dann die Pilze mit Salz, Pfeffer, Zitronensaft und Majoran würzen.

5 Die Pilzmischung auf den Pizzaböden verteilen. Dabei den Rand freilassen. Mit dem Parmesan bestreuen und etwa 14 Minuten im Ofen backen, bis der Rand schön knusprig ist. Sofort servieren.

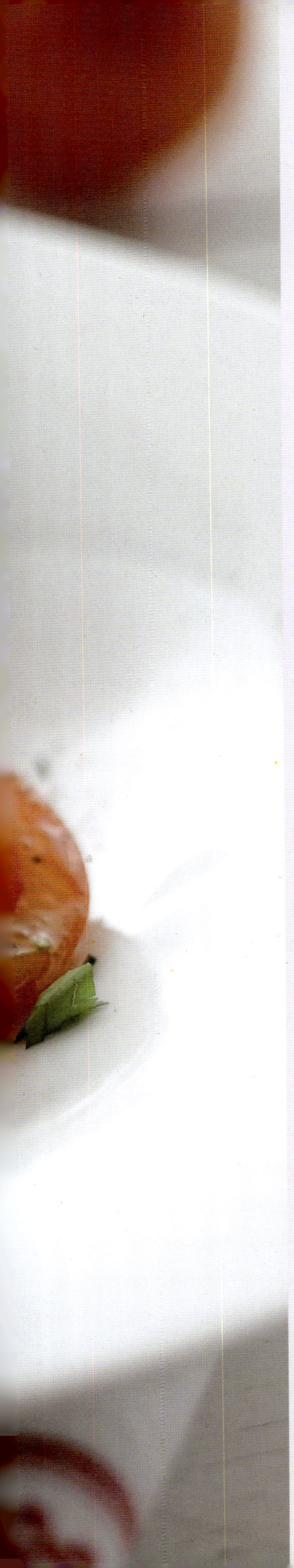

# Erfrischender Tomatensalat

**Für 4 Personen**

**Zutaten**
- 900 g Tomaten, in dünne Scheiben geschnitten
- 1 EL Zucker (nach Belieben)
- Salz und Pfeffer
- 1 rote Zwiebel, in feine Ringe geschnitten
- 3 EL frisch gehackte gemischte Kräuter, z. B. glatte Petersilie, Schnittlauch, Estragon oder Basilikum

DRESSING
- 2 EL Rotwein- oder Obstessig
- 2–4 EL Pflanzenöl

1 Die Tomatenscheiben auf einem großen Servierteller anrichten und nach Geschmack mit Zucker bestreuen. Salzen und pfeffern.

2 Die Zwiebeln in einzelne Ringe trennen und über die Tomaten verteilen. Mit den Kräutern bestreuen.

3 Für das Dressing Essig und Öl in ein Schraubglas füllen, kräftig schütteln und über die Tomaten gießen.

4 Mit Frischhaltefolie abdecken und 20 Minuten im Kühlschrank ziehen lassen. Den Salat 5 Minuten vor dem Servieren aus dem Kühlschrank nehmen.

# Fladenbrot mit Zwiebeln & Rosmarin

**Ergibt 1 Fladenbrot**

**Zutaten**

- 450 g Mehl, plus etwas mehr zum Bestäuben
- 1/2 TL Salz
- 1/2 TL Trockenhefe
- 2 EL frisch gehackter Rosmarin, plus etwas mehr zum Garnieren
- 5 EL natives Olivenöl extra, plus etwas mehr zum Einfetten
- 300 ml warmes Wasser
- 1 rote Zwiebel, in Ringe geschnitten
- 1 EL grobkörniges Meersalz

1 Mehl und Salz in eine Schüssel sieben und Hefe und Rosmarin unterrühren. Eine Mulde in die Mitte drücken und Öl und Wasser hineingießen. Mit einem Holzlöffel nach und nach die trockenen Zutaten mit den nassen vermengen.

2 Den Teig auf einer bemehlten Arbeitsfläche 8–10 Minuten kneten, bis er glatt und elastisch ist. In eine saubere Schüssel legen, mit eingefetteter Frischhaltefolie abdecken und an einem warmen Ort 1 Stunde gehen lassen, bis er sein Volumen verdoppelt hat. Den Teig auf eine bemehlte Arbeitsfläche legen und nochmals 1 Minute gut durchkneten.

3 Den Backofen auf 200 °C vorheizen. Ein Backblech einfetten. Den Teig vorsichtig ausrollen, bis er einen Durchmesser von etwa 30 cm hat. (Der Fladen muss keinen perfekten Kreis ergeben; die traditionelle Form ist leicht oval.) Den Teig auf das Backblech legen, mit einem sauberen Tuch abdecken und an einem warmen Ort 20–30 Minuten gehen lassen.

4 Mit einem Holzlöffelstiel in 5 cm großen Abständen kleine Löcher in den Teig drücken. Die Zwiebelringe auf dem Teig verteilen und mit dem restlichen Öl beträufeln. Mit dem Salz bestreuen und im Ofen 20–25 Minuten goldbraun backen. 5 Minuten vor Ende der Backzeit das Fladenbrot mit gehacktem Rosmarin garnieren. Ein paar Minuten auf einem Kuchengitter abkühlen lassen und noch warm servieren.

# Zwiebeltarte

**Für 4–6 Personen**

**Zutaten**

- 100 g Butter, plus etwas mehr zum Einfetten
- 600 g Zwiebeln, in dünne Ringe geschnitten
- 2 Eier
- 100 g Schlagsahne
- Salz und Pfeffer
- 100 g frisch geriebener Gruyère
- Pizza- oder Quiche-Fertigteig
- 100 g grob geriebener Parmesan

1 Die Butter bei mittlerer Hitze in einer Pfanne zerlassen. Die Zwiebeln darin unter häufigem Rühren 30 Minuten braten, bis sie gut gebräunt sind. Aus der Pfanne heben und beiseitestellen.

2 Die Eier in einer großen Schüssel verquirlen. Die Sahne einrühren und mit Salz und Pfeffer würzen. Den Gruyère zugeben und gut vermengen. Dann die Zwiebeln hinzufügen.

3 Den Backofen auf 190 °C vorheizen. Den Teig ausrollen und eine eingefettete Quicheform (20 cm Ø) damit auslegen. Das Zwiebel-Ei-Gemisch auf den Teig geben und mit Parmesan bestreuen. Auf einem Backblech im Ofen 15–20 Minuten backen, bis die Füllung gestockt ist und anfängt, braun zu werden.

4 Aus dem Ofen nehmen und mindestens 10 Minuten ruhen lassen. Die Tarte kann entweder heiß oder auch auf Zimmertemperatur abgekühlt serviert werden.

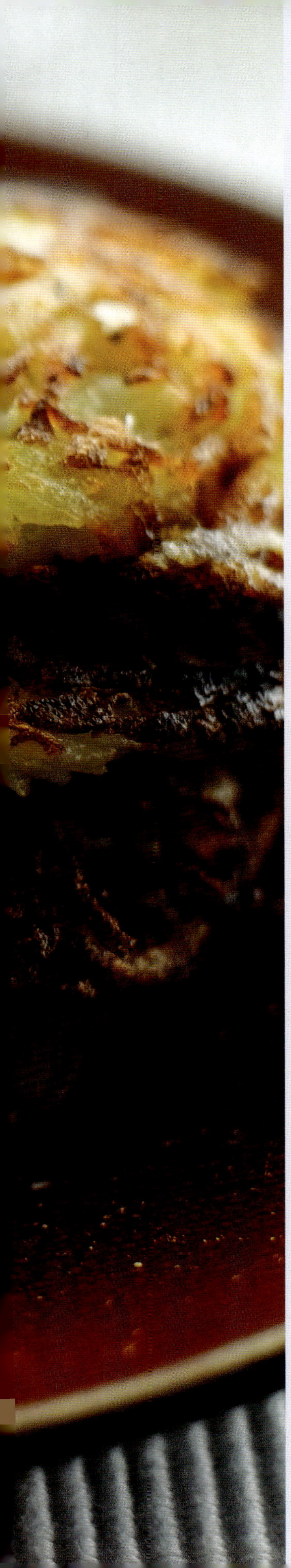

# Zwiebelrösti

**Für 4 Personen**

**Zutaten**

- 500 g mehlig kochende Kartoffeln
- 1 Zwiebel, gerieben
- Salz und Pfeffer
- Pflanzenöl, zum Braten

1 Die Kartoffeln waschen, aber nicht schälen. In einen großen Topf geben, mit Wasser bedecken und zum Kochen bringen. Den Deckel auflegen, die Hitze reduzieren und 10 Minuten köcheln lassen (nicht länger!), bis die Kartoffeln noch nicht ganz gar sind.

2 Die Kartoffeln abgießen und abkühlen lassen. Dann die Kartoffeln schälen und grob reiben. Die Zwiebel zugeben, mit Salz und Pfeffer würzen und vermengen.

3 Das Öl in einer großen Pfanne erhitzen. Nach Geschmack entweder die komplette Kartoffelmischung oder kleine Portionen in die Pfanne geben, etwas flach drücken und etwa 5 Minuten anbraten. Sobald die untere Seite eine goldbraune Farbe angenommen hat, die Rösti wenden und die zweite Seite goldbraun braten. Mit einem Schaumlöffel aus der Pfanne nehmen und auf Küchenpapier abtropfen lassen. Sofort servieren.

# Zwiebel-Dhal

**Für 4 Personen**

**Zutaten**

- 100 g Masoor Dhal (halbierte rote Linsen)
- 6 EL Pflanzenöl
- 1 kleines Bund Frühlingszwiebeln, gehackt
- 1 TL frisch gehackter Ingwer
- 1 TL zerdrückte Knoblauchzehen
- 1/2 TL Chilipulver
- 1/2 TL Kurkuma
- 300 ml Wasser
- 1 TL Salz

ZUM GARNIEREN

- 1 frische grüne Chili, entkernt und fein gehackt
- frisch gehackter Koriander

1 Die Linsen gut abspülen und beiseitestellen.

2 Das Öl in einem großen Topf erhitzen. Die Frühlingszwiebeln zufügen und bei mittlerer Hitze leicht anbräunen.

3 Die Hitze reduzieren, Ingwer, Knoblauch, Chilipulver und Kurkuma zugeben und kurz anbraten. Die Linsen zufügen und gut verrühren.

4 Das Wasser zugießen, die Hitze auf niedrigste Stufe reduzieren und 20–25 Minuten köcheln.

5 Sobald die Linsen gar und weich sind, das Salz zufügen und gut vermengen.

6 Das Zwiebel-Dahl in einer Schüssel anrichten, mit Chili und Koriander garnieren und sofort servieren.

# Crêpes mit Porree & Ziegenkäse

**Zutaten**

**Ergibt 8 Crêpes**

CRÊPE-TEIG FÜR 9 CRÊPES
(Die erste gelingt meist nicht so gut und geht an den Koch.)

- 115 g Mehl
- 1 Prise Salz
- 1 Prise Zucker
- 2 große Eier
- 300 ml Milch
- 30 g Butter, zerlassen und etwas abgekühlt
- Sonnenblumenöl, zum Einfetten

- 25 g Butter

- 200 g Porree, halbiert und in dünne Scheiben geschnitten
- Salz und Pfeffer
- frisch geriebene Muskatnuss
- 1 EL frisch gehackter Schnittlauch
- 85 g weicher Ziegenkäse ohne Rinde, gehackt

1 Für die Crêpes das Mehl in eine Schüssel sieben, Salz und Zucker zugeben und eine Vertiefung in die Mitte drücken.

2 Eier und Milch in die Vertiefung geben und verquirlen. Nach und nach das Mehl einarbeiten. Dann zunächst die Butter, anschließend die restliche Milch unterrühren, bis ein weicher Teig entsteht, der leicht vom Löffel tropft; diesen während der Zubereitung ständig rühren, damit sich keine Klümpchen bilden.

3 Den Teig abdecken und mindestens 30 Minuten quellen lassen.

4 Den Teig vor dem Backen noch einmal gut durchrühren. Eine Crêpe- oder Bratpfanne stark erhitzen und den Boden leicht mit Sonnenblumenöl bestreichen.

5 Die Hitze auf mittlere Stufe reduzieren und etwa 3 Esslöffel Teig in die Mitte der Pfanne geben. Diese sofort schwenken, damit sich der Teig gleichmäßig dünn auf dem Pfannenboden verteilt.

6 Den Teig etwa 1 Minute backen, bis er gestockt und am Rand sowie von unten goldbraun geworden ist. Mit einem Palettmesser wenden und 1 weitere Minute von der zweiten Seite backen.

7 Inzwischen den Backofen auf 200 °C vorheizen. Butter und Öl in einen Topf geben und bei mittlerer Hitze erwärmen, bis die Butter zerlassen ist. Den Porree einrühren, bis er rundum von Fett überzogen ist, dann mit Salz, Pfeffer und Muskat würzen; dabei bedenken, dass die Füllung durch den Käse noch mehr Salz erhalten wird. Den Topf abdecken, die Hitze reduzieren und den Porree dünsten, bis er weich, aber nicht gebräunt ist. Den Schnittlauch einrühren.

8 Ein Achtel der Porreemasse auf 1 Crêpe geben und mit einem Achtel des Käses bedecken. Die Crêpe über der Füllung zu einem Quadrat zusammenklappen oder aufrollen. Die gefüllte Crêpe auf ein Backblech legen. Die restlichen Crêpes ebenso zubereiten.

9 Die Crêpes in den vorgeheizten Backofen schieben und etwa 5 Minuten backen, bis sie heiß sind und der Käse geschmolzen ist. Sofort servieren.

# Käse-Kräuter-Soufflés mit gebratenen Pilzen

**Ergibt 6 Soufflés**

**Zutaten**

- 50 g Butter, plus etwas zerlassene Butter zum Einfetten
- 40 g Mehl
- 160 ml Milch
- 250 g Ricotta
- 4 Eigelb
- 2 EL frisch gehackte Petersilie
- 2 EL frisch gehackter Thymian
- 1 EL frisch gehackter Rosmarin
- Salz und Pfeffer
- 6 Eiweiß
- 250 g Schlagsahne
- 6 EL frisch geriebener Parmesan
- gebratene Pilze, zum Servieren

1 Den Backofen auf 180 °C vorheizen. Sechs kleine Soufflé-Formen (10 cm Ø) gut mit zerlassener Butter einfetten. Die Butter in einem mittelgroßen Topf zerlassen, das Mehl hinzufügen und unter ständigem Rühren kurz anschwitzen. Bei geringer Hitze die Milch unter Rühren zugießen, bis die Masse andickt, und 30 Sekunden kochen. Den Topf vom Herd nehmen und den Ricotta zugeben. Eigelb und Kräuter unterrühren und mit Salz und Pfeffer kräftig würzen.

2 Das Eiweiß in einer Schüssel steif schlagen und vorsichtig unter die Ricotta-Masse heben. Die Formen bis knapp unter den Rand füllen und auf ein tiefes Backblech setzen. Das Backblech bis auf halbe Höhe der Formen mit Wasser füllen. Im Ofen 15–20 Minuten backen, bis die Soufflés aufgegangen und goldbraun sind. 10 Minuten abkühlen lassen und vorsichtig aus den Formen lösen. In eine leicht gefettete flache Auflaufform setzen und mit Frischhaltefolie abdecken.

3 Die Ofentemperatur auf 200 °C erhöhen. Die Frischhaltefolie entfernen und die Sahne gleichmäßig über die Soufflés gießen, mit Parmesan bestreuen und weitere 15 Minuten im Ofen backen. Sofort heiß mit frisch gebratenen Pilzen servieren.

# Porree mit gelber Bohnensauce

**Für 4 Personen**

**Zutaten**

- 3 EL Erdnussöl
- 500 g Porree, geputzt und in Scheiben geschnitten
- 250 g Chinakohl, fein gehobelt
- 200 g Baby-Maiskolben
- 6 Frühlingszwiebeln, in 5 cm lange Stücke geschnitten
- 4 EL gelbe Bohnensauce

1 Das Öl in einem Wok oder einer großen Pfanne stark erhitzen, Porree, Chinakohl und Maiskolben zufügen und 5 Minuten pfannenrühren. Das Gemüse sollte leicht angebräunt sein.

2 Die Frühlingszwiebeln zugeben und verrühren. Die Bohnensauce zufügen und weitere 2 Minuten pfannenrühren, bis das Gemüse rundum mit der Sauce überzogen ist.

3 Das Gemüse mit der Sauce auf 4 vorgewärmte Schüsseln verteilen und sofort servieren.

# Kalte Knoblauchsuppe

**Für 4–6 Personen**

**Zutaten**

- 500 g altbackenes Weißbrot ohne Rinde, in Stücke zerpflückt
- 5 große Knoblauchzehen, halbiert
- 125 ml natives Olivenöl extra, plus etwas mehr zum Beträufeln
- 4–5 EL Sherry-Essig
- 300 g gemahlene Mandeln
- 1,2 l kaltes Wasser
- Salz und weißer Pfeffer
- kernlose weiße Trauben, halbiert, zum Garnieren

1 Das Brot in eine Schüssel geben, mit Wasser bedecken und 15 Minuten einweichen. Gut ausdrücken und in die Küchenmaschine oder den Mixer geben.

2 Knoblauch, Öl, Essig und gemahlene Mandeln zugeben, 250 ml Wasser zugießen und gut pürieren.

3 Bei laufendem Motor das restliche Wasser zugießen und zu einer glatten Suppe pürieren. Nach Belieben mit Sherry-Essig abschmecken. In eine Schüssel füllen, abdecken und für mindestens 4 Stunden in den Kühlschrank stellen.

4 Vor dem Servieren die Suppe noch einmal gut durchrühren. Auf 4–6 Suppenteller verteilen und mit halbierten Weintrauben garnieren. Mit etwas Olivenöl beträufeln und servieren.

# Gerösteter Knoblauch mit Ziegenkäse

**Für 4 Personen**

**Zutaten**

- 2 Knoblauchknollen, die äußeren trockenen Blätter entfernt
- 3 EL Wasser
- 6 EL Olivenöl
- 2 frische Rosmarinzweige
- 1 Lorbeerblatt
- 200 g weicher Ziegenkäse
- 1 EL gemischte frisch gehackte Kräuter, z. B. Petersilie und Oregano
- 1 Baguette, in Scheiben geschnitten
- Salz und Pfeffer
- gemischte Salatblätter, zum Garnieren

1 Den Backofen auf 200°C vorheizen. Die Knoblauchknollen in eine Auflaufform geben und Wasser, 3 Esslöffel Öl, Rosmarin und Lorbeerblatt zufügen. Mit Salz und Pfeffer würzen, mit Alufolie abdecken und 30 Minuten im Backofen rösten.

2 Die Form aus dem Ofen nehmen und die Knoblauchknollen mit der Kochflüssigkeit beträufeln. Wieder mit Alufolie abdecken und weitere 15 Minuten backen, bis der Knoblauch ganz weich ist.

3 In der Zwischenzeit den Ziegenkäse in einer Schüssel zerdrücken. Die Kräuter zugeben und alles glatt rühren. Das restliche Öl in einer Pfanne erhitzen und die Baguettescheiben darin von beiden Seiten 3 Minuten goldbraun braten.

4 Baguettescheiben, Ziegenkäse und Salatblätter auf 4 Tellern anrichten. Den Knoblauch aus dem Ofen nehmen und vorsichtig in einzelne Zehen zerteilen, aber nicht schälen. Die Knoblauchzehen auf die Teller verteilen und sofort servieren. Man kann nun den weichen Knoblauch auf etwas Brot verteilen und mit dem Ziegenkäse essen.

# Spaghetti aglio e olio

**Für 4 Personen**

**Zutaten**

- 500 g Spaghetti
- 125 ml natives Olivenöl extra
- 3 Knoblauchzehen, fein gehackt
- Salz und Pfeffer
- 3 EL frisch gehackte Petersilie

1 In einem großen Topf leicht gesalzenes Wasser aufkochen und die Pasta darin al dente kochen.

2 In der Zwischenzeit das Olivenöl in einer Pfanne erhitzen. Den Knoblauch sowie 1 Prise Salz hineingeben und bei geringer Hitze unter ständigem Rühren 3–4 Minuten goldgelb anbraten. (Knoblauch nicht braun werden lassen, da er sonst einen bitteren Geschmack erhält.) Die Pfanne vom Herd nehmen.

3 Die Pasta abgießen, abtropfen lassen und in eine vorgewärmte Servierschüssel füllen. Das mit Knoblauch aromatisierte Olivenöl darübergießen, dann die Petersilie zugeben und nach Belieben mit Salz und Pfeffer abschmecken. Alles gut vermengen und sofort servieren.

4

# Nüsse, Samen, Hülsenfrüchte & Bohnen

Nüsse und Samen sind gute Lieferanten für Vitamine, Mineralstoffe und ungesättigte Fettsäuren. Die proteinreichen Hülsenfrüchte und Bohnen sind für die vegetarische Ernährung sehr wichtig und zudem vielseitig verwendbar. Die Gerichte in diesem Kapitel stammen aus aller Welt und reichen von Hummus über Ägyptische Bohnen zu Risotto mit Kidneybohnen.

# Einführung zu Nüssen, Kernen & Samen

Nüsse, Kerne und Samen sind nicht nur ein toller Snack für zwischendurch, sondern auch eine gesunde Bereicherung für süße und pikante Speisen. Da Nüsse sehr ölhaltig sind, werden sie schnell ranzig und sollten in einem luftdicht verschließbaren Behälter an einem kühlen, trockenen Platz gelagert und schnell verbraucht werden.

**Nüsse**

*Außer Erdnüssen, die unter der Erde wachsen, sind Nüsse Baumfrüchte. Zwar sind sie sehr fetthaltig, enthalten aber gesunde Omega-6-Fettsäuren. Darüber hinaus versorgen sie den Körper mit Proteinen, B-Vitaminen, Eisen, Selen, Vitamin E und Zink. Nüsse sind mit und ohne Schale, blanchiert, in Scheiben, gehackt, gemahlen und geröstet im Handel erhältlich.*

*Cashewkerne*

Cashewkerne enthalten weniger Fett als andere Nüsse. Ihr Aroma verstärkt sich beim Rösten und passt sehr gut zu Currys, Nudelgerichten, Salaten und Gebäck.

*Haselnüsse*

Diese vielseitigen Nüsse sind mit oder ohne Schale, gehackt und gemahlen erhältlich. Geröstet schmecken sie besonders gut und verleihen sowohl süßen als auch pikanten Speisen ein wunderbares Aroma.

*Kokosnuss*

Kokosnüsse sollte man in Maßen genießen, da sie sehr viele gesättigte Fettsäuren enthalten. Kokosmilch und -creme verleihen Saucen, Currys, Getränken, Suppen und Desserts eine unvergleichliche Cremigkeit. Das getrocknete Fruchtfleisch wird zu Kokosflocken und -raspeln verarbeitet.

*Macadamia-Nüsse*

Durch den hohen Fettanteil haben diese Nüsse ein mildes Butteraroma. Sie werden meist ohne Schale verkauft, da diese sehr schwer aufzuknacken ist.

*Mandeln*

Es gibt süße und bittere Mandeln. Nur die süßen sind roh genießbar. Aus den bitteren wird Bittermandelöl gewonnen. Süße Mandeln sollte man am besten mit Schale kaufen, da sie dann aromatischer sind. Um Mandeln zu häuten, legt man sie für

ein paar Minuten in heißes Wasser und kann dann die Kerne leicht aus der Haut drücken. Man kann Mandeln aber auch schon blanchiert, als Blättchen, Stifte und gemahlen kaufen. Sie schmecken gut in Kuchen und Desserts, aber auch zu herzhaften Gerichten.

*Maronen*

Geröstete oder gekochte Maronen enthalten wenig Fett und schmecken wunderbar. Sie werden besonders gern für Füllungen verwendet, schmecken aber auch zu geröstetem Gemüse, Gebäck und Kuchen. Gesüßtes Maronenpüree wird auch als Dessert gereicht.

*Paranüsse*

Paranüsse haben einen süß-milchigen Geschmack und sind reich an Omega-6-Fettsäuren. Sie werden häufig für Desserts oder aber auch im Müsli verwendet.

*Pinienkerne*
Pinienkerne sind eine Hauptzutat für Pesto und entfalten ihren cremigen Geschmack am besten, wenn sie geröstet werden. Kaufen Sie Pinienkerne nur in kleinen Mengen, da sie sehr fettreich sind und daher schnell ranzig werden.

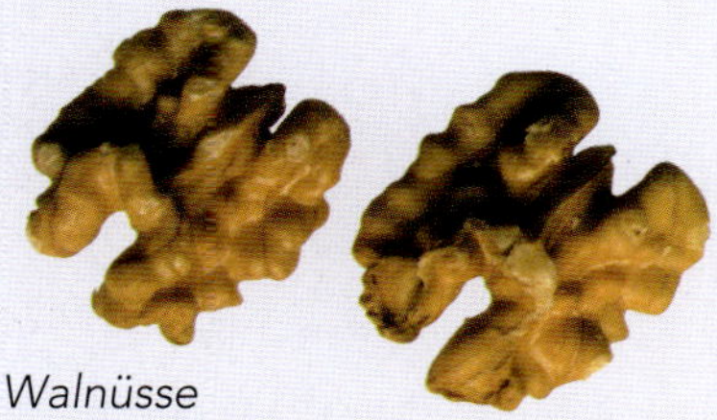

*Walnüsse*
Wenn sie jung gepflückt werden, sind Walnüsse noch feucht und schmecken frisch und cremig. Durch das Trocknen bekommen sie einen leicht bitteren Geschmack. Sie werden mit oder ohne Schale, gehackt oder auch gemahlen angeboten.

### Samen

*Obwohl äußerlich winzig, sind Samen ganz groß, wenn es um Nährstoffe geht. Sie sind eine gute Quelle für Vitamin E, Eisen und Omega-6-Fettsäuren, die den Cholesterinspiegel senken sollen.*

*Sesamsaat*
Es gibt schwarze und weiße Sesamsaat, die in einer Vielzahl von Gerichten verwendet wird. Aus gemahlener Sesamsaat macht man am Mittelmeer Tahini und die Süßigkeit Halva. Aus der gerösteten Sesamsaat wird Öl gewonnen. Wenn man sie in einer Pfanne goldgelb röstet, wird ihr Aroma intensiviert und sie veredelt Salate, Nudelgerichte, Gebäck, Kuchen und Brote.

*Sonnenblumenkerne*
Auch Sonnenblumenkerne erhalten durchs Rösten einen intensiveren Geschmack. Sie werden in ähnlicher Weise wie die Sesamsaat verwendet und sind eine gesunde Ergänzung für Salate, Müsli und Gebäck.

*Kürbiskerne*
Kürbiskerne gehören zu den wenigen Pflanzenprodukten, die sowohl Omega-3- als auch Omega-6-Fettsäuren enthalten. Außerdem enthalten sie mehr Eisen als andere Samen. Sie können als Snack geknabbert oder in süßen und pikanten Gerichten und Gebäck verarbeitet werden.

*Mohn*
Diese kleinen, schwarzen Samen verleihen vor allen Dingen Gebäck und Kuchen Geschmack. Sie bilden

als Mohnmasse eine nussig-süße Füllung für Teilchen, Strudel und gedeckte Torten. Aufgrund des enthaltenen Morphins sollte Mohn jedoch nur in Maßen verzehrt werden und nicht an Säuglinge und Kleinkinder verfüttert werden.

*Leinsamen*
Aus Leinsamen wird Öl gewonnen, das nicht nur für den Verzehr, sondern früher auch als Möbelpolitur verwendet wurde. Leinsamen enthalten Omega-3-Fettsäuren und können über Salate und Müslis gestreut oder für Brot und Gebäck verwendet werden.

## Nüsse und Samen rösten

**Um die Haut von Haselnüssen und Mandeln zu lösen, kann man sie auf ein Backblech verteilen und im auf 180 °C vorgeheizten Backofen etwa 5 Minuten backen. Die Nüsse dann etwas abkühlen lassen, auf ein sauberes Küchentuch geben und die Schalen abreiben.**

**Nüsse und Samen, wie z. B. ganze Mandeln oder Mandelblättchen, können in kleinen Mengen trocken in der Pfanne geröstet werden, bis sie eine goldgelbe Farbe bekommen. Größere Mengen kann man auf ein Backblech verteilen und im vorgeheizten Ofen 5–7 Minuten backen.**

# Einführung zu Hülsenfrüchten & Bohnen

Erbsen, Linsen und Bohnen sind Hülsenfrüchte, die reich an Proteinen sind. Außerdem enthalten sie komplexe Kohlenhydrate, Vitamine, Mineralien und Ballaststoffe. Sie nehmen sehr gut andere Aromen auf und sind die Basis für viele Gerichte.

Obwohl getrocknete Hülsenfrüchte bis zu einem Jahr aufbewahrt werden können, härten sie im Lauf der Zeit aus. Kaufen Sie nur Hülsenfrüchte mit glatter Außenhaut und bewahren Sie sie in einem luftdichten Behälter an einem kühlen, dunklen Ort auf. Spülen Sie die Hülsenfrüchte vor der Verwendung gut ab und verwenden Sie beim Kochen kein Salz, da sie sonst nicht richtig weich werden. Würzen Sie lieber erst das fertig gegarte Gericht.

### Linsen

*Anders als die anderen Hülsenfrüchte müssen Linsen nicht eingeweicht werden und sind relativ schnell zubereitet. Sie werden getrocknet oder in Dosen verkauft und in einer Vielzahl von Gerichten verwendet.*

*Spaltlinsen*
Orangefarbene, gespaltene Linsen sind sehr beliebt und in nur 20 Minuten zubereitet. Sie können zu Püree eingekocht werden, sind eine gehaltvolle Zutat für Suppen und Eintöpfe und werden gern in der indischen Küche verwendet.

*Braune Linsen*
Die kleinen, scheibenförmigen Linsen sind aromatisch und behalten beim Kochen ihre Form. Sie sind in 45 Minuten zubereitet und schmecken sehr gut in Salaten, Suppen und Eintöpfen.

*Grüne Linsen*
Die grünen Linsen schmecken milder als die braunen. Mit Knoblauch und Kräutern verfeinert und püriert, ergeben sie einen köstlichen Brotaufstrich. Die graugrünen in Frankreich angebauten Puy-Linsen gelten als Delikatesse. Sie sind in etwa 25–30 Minuten gar und behalten beim Kochen ihre Form. Sie sind eine köstliche Zutat für warme Wintersalate und Eintöpfe.

### Getrocknete Erbsen

Im Gegensatz zu Linsen sind Erbsen bei der Ernte sehr weich und werden getrocknet. Es gibt ganze Erbsen und Schälerbsen. Letztere schmecken etwas süßer und sind schneller gar.

*Gelbe und grüne Schälerbsen*
Diese Erbsen können wie die orangefarbenen, gespaltenen Linsen verwendet werden, haben aber eine etwas längere Garzeit. Sie schmecken besonders gut als Püree, in Eintöpfen, Suppen und Aufläufen.

## Bohnen

*Bohnen sind sehr vielseitig und können für Füllungen, Eintöpfe, Gebäck, Suppen, Dips, vegetarische Burger, Brotaufstriche und Salate verwendet werden. Falls Sie die lange Einweichzeit abschreckt, können Sie für die Gerichte auch sehr gut Dosenware verwenden. Diese sollte dann gut abgespült und abgetropft werden.*

*Cannellini-Bohnen*
Diese langen, weißen Bohnen erhalten beim Kochen eine cremige Konsistenz. Sie schmecken in warmen Salaten und sind püriert eine tolle Alternative zu Kartoffelpüree.

*Flageolet- und Borlotti-Bohnen*
Die hellgrünen Flageolet-Bohnen schmecken sehr mild und haben eine weiche Konsistenz. Die rotbraunen Borlotti-Bohnen schmecken herzhaft-süß und werden gern für italienische Bohnen- und Pasta-Gerichte verwendet.

*Grüne Bohnen*
Grüne Bohnen gibt es in vielen Farbnuancen und Größen. Man verwendet die ganzen Schoten, die heutzutage meist fadenlos sind. Je kleiner und dünner, desto zarter schmecken sie.

*Kichererbsen*
Diese runden, beigefarbenen Hülsenfrüchte besitzen einen nussigen Geschmack und werden besonders in Mittelmeerländern und Indien verwendet. Püriert ergeben sie leckere Dips, z.B. Hummus.

*Lima-Bohnen*
Diese weißen, nierenförmigen Bohnen haben eine weiche, mehlige Konsistenz und sind hervorragend für Suppen und Salate geeignet.

*Rote Kidneybohnen*
Diese nierenförmigen Bohnen sind sehr mehlig und behalten beim Kochen ihre Farbe und Form. Sie werden vor allem in der mexikanischen Küche für Pfannengerichte und Chili-Eintöpfe verwendet.

*Sojabohnen*
Sojabohnen können gelb, schwarz, braun oder grün sein. Sie enthalten weitaus mehr Nährstoffe als die anderen Hülsenfrüchte, insbesondere Protein, Eisen und Calcium, und sind damit ein guter Ersatz für tierische Produkte. Die getrockneten Sojabohnen sollten mindestens 12 Stunden vor ihrer Verwendung eingeweicht und dann gut abgespült werden. Aus Sojabohnen wird Sojamilch und Käse, Tofu, Tempeh, Sojafleisch, Sojasauce, Miso, schwarze und gelbe Bohnensauce und Hoisinsauce hergestellt.

## Bohnen kochen

**Nach dem Einweichen sollten Bohnen immer gut abgespült und abgetropft werden. Hülsenfrüchte, die beim Einweichen an die Oberfläche steigen, sollten entsorgt werden. Verwenden Sie für das Garen viel Wasser: für 450 g Bohnen etwa 1,2 Liter Wasser.**

**Die Bohnen etwa 10 Minuten aufkochen, dann die Hitze reduzieren. Kochen Sie nun die Bohnen so lange, bis sie weich sind, je nach Sorte zwischen 30 Minuten und 2 Stunden. Die Bohnen sollten immer mit mindestens 1 cm Wasser bedeckt sein. Verwenden Sie zum Nachgießen nur heißes Wasser. Das Kochwasser kann später gut als Brühe verwendet werden. Falls Sie verschiedene Bohnensorten für ein Gericht benutzen, dann kochen Sie die einzelnen Sorten separat, da sie unterschiedliche Kochzeiten haben. Salzen Sie Bohnen nie während des Garens, sondern immer erst am Schluss.**

# Geeiste Erbsensuppe

**Für 3–4 Personen**

**Zutaten**

- 450 ml Gemüsebrühe (s. S. 36) oder Wasser
- 450 g tiefgekühlte Erbsen
- 50 g Frühlingszwiebeln, in Stücke geschnitten
- 300 g Naturjoghurt
- Salz und Pfeffer

ZUM GARNIEREN

- 2 EL frisch gehackte Minze
- 2 EL frisch gehackter Schnittlauch
- abgeriebene Zitronenschale

1 Die Gemüsebrühe in einen großen Topf geben und bei mittlerer Hitze zum Kochen bringen. Die Hitze reduzieren, Erbsen und Frühlingszwiebeln zugeben und 5 Minuten köcheln.

2 Die Suppe vom Herd nehmen und leicht abkühlen lassen. Dann zweimal durch ein Sieb in eine Schüssel passieren und darauf achten, dass die komplette Erbsenhaut im Sieb bleibt. Den Joghurt in die Suppe rühren und mit Salz und Pfeffer abschmecken. Die Schüssel mit Frischhaltefolie abdecken und für mehrere Stunden in den Kühlschrank stellen.

3 Vor dem Servieren die Suppe gut umrühren und auf 3–4 Suppenschalen verteilen. Mit Minze, Schnittlauch und Zitronenschale garnieren und servieren.

# Kichererbsensuppe

**Für 6 Personen**

**Zutaten**

- 400 g getrocknete Kichererbsen, über Nacht in kaltem Wasser eingeweicht
- 2 EL Olivenöl
- 1 Zwiebel, fein gehackt
- 2 Knoblauchzehen, fein gehackt
- 450 g Mangold, geputzt und fein gehackt
- 2 frische Rosmarinzweige
- 400 g Tomatenstücke aus der Dose
- Salz und Pfeffer
- geröstete Weißbrotscheiben, zum Servieren

1 Die Kichererbsen abgießen und in einen Topf geben. Mit frischem, kaltem Wasser bedecken und zum Kochen bringen. Dabei den entstehenden Schaum mit einem Schaumlöffel abschöpfen. Die Hitze reduzieren und 1–1 1/4 Stunde köcheln lassen, bis die Kichererbsen gar und weich sind. Falls nötig, zwischendurch etwas Wasser zugießen.

2 Die Kichererbsen abgießen und dabei den Kochsud auffangen. Die Kichererbsen mit Salz und Pfeffer würzen und 2/3 in die Küchenmaschine oder in den Mixer füllen. Etwas Kochsud zugießen und glatt pürieren. Bei laufendem Motor so viel Kochsud zugießen, bis eine glatte Suppe entsteht. Dann die Suppe zurück in den Topf gießen.

3 Das Öl in einem Topf erhitzen. Zwiebel und Knoblauch zugeben und bei mittlerer Hitze 3–4 Minuten unter Rühren weich dünsten. Mangold und Rosmarin zufügen und 3–4 Minuten unter Rühren anbraten. Die Tomaten zugeben und weitere 5 Minuten köcheln. Die Rosmarinzweige entfernen.

4 Die Mangoldmischung zur Kichererbsensuppe geben und 2–3 Minuten köcheln lassen. Mit Salz und Pfeffer würzen.

5 Die Suppe auf 6 vorgewärmte Suppenschalen verteilen und mit geröstetem Weißbrot servieren.

# Hummus-Toast mit Oliven

**Für 4 Personen**

**Zutaten**

- 400 g Kichererbsen aus der Dose
- Saft von 1 großen Zitrone
- 6 EL Tahini (Sesampaste)
- 2 EL Olivenöl
- 2 Knoblauchzehen, zerdrückt
- Salz und Pfeffer

TOASTS

- 1 Ciabatta, in Scheiben geschnitten
- 2 Knoblauchzehen, zerdrückt
- 1 EL frisch gehackter Koriander
- 4 EL Olivenöl

ZUM GARNIEREN

- frisch gehackter Koriander
- gehackte schwarze Oliven

1 Für das Hummus die Kichererbsen abgießen und dabei etwas Flüssigkeit aus der Dose zurückbehalten. Die Kichererbsen abspülen und abtropfen lassen. Mit dem Pürierstab oder in der Küchenmaschine pürieren. Nach und nach etwas zurückbehaltene Flüssigkeit und Zitronensaft zugießen und glatt pürieren.

2 Tahini, 1 Esslöffel Olivenöl und Knoblauch zugeben, mit Salz und Pfeffer würzen und noch einmal glatt pürieren.

3 Das Hummus in einer Servierschale anrichten und mit dem restlichen Olivenöl beträufeln. Mit Koriander und Oliven garnieren und dann im Kühlschrank vollständig abkühlen lassen.

4 Den Backofengrill vorheizen. Die Ciabatta-Scheiben nebeneinander auf einen Grillrost legen. Für die Toasts Knoblauch, Koriander und Olivenöl in einer Schüssel verrühren und auf den Brotscheiben verteilen. Die Brotscheiben direkt unter den Grill schieben und 3 Minuten goldbraun und knusprig rösten. Sofort heiß mit dem Hummus servieren.

# Kichererbseneintopf

**Für 4 Personen**

**Zutaten**

- 250 g getrocknete Kichererbsen, über Nacht in kaltem Wasser eingeweicht
- 3 EL Olivenöl
- 1 große Zwiebel, in Ringe geschnitten
- 2 Knoblauchzehen, fein gehackt
- 2 Porreestangen, in Ringe geschnitten
- 175 g Karotten, in Scheiben geschnitten
- 4 kleine Rüben, in Scheiben geschnitten
- 4 Selleriestangen, in Ringe geschnitten
- 120 g Bulgur
- 400 g Tomatenstücke aus der Dose
- 2 EL Schnittlauchröllchen, plus etwas mehr zum Garnieren
- Salz und Pfeffer

1 Die Kichererbsen abgießen und in einen großen Kochtopf geben. Mit Wasser bedecken und zum Kochen bringen. 15 Minuten kochen, dann die Hitze auf geringe Stufe reduzieren und 1 1/2 Stunden köcheln lassen.

2 In der Zwischenzeit das Öl in einem großen Topf erhitzen und die Zwiebel darin 5 Minuten weich dünsten. Knoblauch, Porree, Karotten, Rüben und Sellerie zugeben und weitere 5 Minuten dünsten.

3 Bulgur, Tomaten und Schnittlauch zufügen und zum Kochen bringen. Mit Salz und Pfeffer würzen. Die Mischung in eine große, runde Auflaufform füllen und mit Alufolie fest verschließen.

4 Sobald die Kichererbsen 1 1/2 Stunden gegart sind, einen Dämpfeinsatz auf dem Kochtopf befestigen. Die Form mit der Bulgurmischung in den Dämpfeinsatz stellen. Mit einem sauberen Küchentuch abdecken und weitere 40 Minuten garen.

5 Die Form und den Dämpfeinsatz vom Topf entfernen. Die Kichererbsen abgießen und in das Bulgur-Gemüse rühren. In eine vorgewärmte Servierschale füllen und mit Schnittlauch garnieren. Sofort heiß servieren.

# Frühlingsrollen mit Gemüse & Bohnensauce

**Für 4 Personen**

**Zutaten**

- 2 EL Erdnuss- oder Pflanzenöl
- 4 Frühlingszwiebeln, in 5 cm lange Stücke und dann längs in Streifen geschnitten
- 2,5-cm-Stück Ingwer, geschält und fein gehackt
- 1 große Karotte, in Stifte geschnitten
- 1 rote Paprika, in dünne Streifen geschnitten
- 6 EL schwarze Bohnensauce
- 50 g Bohnensprossen
- 200 g Wasserkastanien aus der Dose, abgespült und grob gehackt
- 5-cm-Stück Gurke, in dünne Streifen geschnitten
- 8 Teigblätter für Frühlingsrollen (20 x 20 cm)
- Pflanzenöl, zum Frittieren
- süße Chilisauce, zum Servieren (nach Belieben)

1 Das Öl in einem Wok oder einer großen Pfanne erhitzen. Frühlingszwiebeln, Ingwer, Karotte und Paprika zugeben und 2–3 Minuten pfannenrühren. Die Bohnensauce, Bohnensprossen, Wasserkastanien und Gurke zufügen und weitere 1–2 Minuten pfannenrühren. Vom Herd nehmen und abkühlen lassen.

2 Jeweils 1 Esslöffel Gemüsemischung in die Mitte jedes Teigblatts setzen. Die untere Ecke darüberlegen. Die beiden Seiten einschlagen und fest aufrollen. Die obere Ecke noch einmal anfeuchten, einschlagen und andrücken.

3 Das Öl zum Frittieren im Wok auf 180 °C erhitzen (ein Brotwürfel bräunt darin in 30 Sekunden). Die Frühlingsrollen portionsweise etwa 2–3 Minuten goldbraun und knusprig frittieren. Mit einem Schaumlöffel aus dem Wok heben und auf Küchenpapier abtropfen lassen. Mit süßer Chilisauce servieren.

# Bohnen-Burger

**Für 4 Personen**

**Zutaten**

- 1 EL Sonnenblumenöl, plus etwas mehr zum Einfetten
- 1 Zwiebel, fein gehackt
- 1 Knoblauchzehe, fein gehackt
- 1 TL gemahlener Koriander
- 1 TL gemahlener Kreuzkümmel
- 150 g Champignons, fein gehackt
- 425 g Pinto- oder rote Kidneybohnen aus der Dose, abgespült und abgetropft
- 2 EL frisch gehackte glatte Petersilie
- Salz und Pfeffer
- Mehl, zum Bestäuben

ZUM SERVIEREN

- Burger-Brötchen
- Salat

1 Das Öl in einer Pfanne erhitzen. Die Zwiebel hineingeben und unter gelegentlichem Rühren 5 Minuten weich dünsten. Knoblauch, Koriander und Kreuzkümmel zugeben und unter gelegentlichem Rühren 1 Minute dünsten. Die Pilze zugeben und 4–5 Minuten unter ständigem Rühren garen, bis die gesamte Flüssigkeit verdampft ist. Die Mischung in eine Schüssel geben.

2 Die Bohnen in eine kleine Schüssel geben und mit einem Kartoffelstampfer oder einer Gabel zerdrücken. Mit der Petersilie unter die Pilzmischung rühren und mit Salz und Pfeffer abschmecken.

3 Den Backofengrill vorheizen. Die Mischung in 4 Portionen aufteilen, in etwas Mehl wenden und zu flachen, runden Burgern formen. Mit Öl bestreichen und unter dem Grill 4–5 Minuten von jeder Seite grillen. Im Brötchen mit Salat als Beilage servieren.

# Dicke Bohnen mit Feta

**Für 4–6 Personen**

**Zutaten**

- 500 g geschälte dicke Bohnen
- 4 EL natives Olivenöl extra
- 1 EL Zitronensaft
- 1 EL frisch gehackter Dill, plus etwas mehr zum Garnieren
- 50 g Feta, abgespült und in Würfel geschnitten
- Salz und Pfeffer

1 Salzwasser in einen großen Topf füllen und zum Kochen bringen. Die Bohnen zugeben und 20–30 Minuten kochen, bis sie weich sind. Abgießen und beiseitestellen.

2 Sobald die Bohnen etwas abgekühlt sind, kann man sie aus der harten Haut herauslösen. Die Bohnenkerne in eine Schüssel geben.

3 Olivenöl und Zitronensaft verquirlen, mit Salz und Pfeffer würzen und über die warmen Bohnen gießen. Dill zufügen und vermengen.

4 Falls Sie die Bohnen warm servieren möchten, fügen Sie nun den Feta hinzu. Mit etwas Dill garnieren und sofort servieren. Falls die Bohnen als Salat serviert werden sollen, lässt man sie im Dressing abkühlen und stellt sie dann noch für einige Zeit in den Kühlschrank. 10 Minuten vor dem Servieren aus dem Kühlschrank nehmen und mit Salz und Pfeffer abschmecken. Feta zugeben und vermengen. Mit Dill garnieren und sofort servieren.

# Borlotti-Bohnen in Tomatensauce

**Für 4–6 Personen**

**Zutaten**

- 600 g frische Borlotti-Bohnen
- 4 große frische Salbeiblätter, zerzupft
- 1 EL Olivenöl
- 1 große Zwiebel, in Ringe geschnitten
- 300 ml Tomatensauce (s. S. 37)
- Salz und Pfeffer

1 Die Bohnen auslösen. Salzwasser in einem großen Topf zum Kochen bringen. Bohnen und Salbei zugeben und 12 Minuten kochen, bis die Bohnen gar und weich sind. Abgießen, zurück in den Topf geben und beiseitestellen.

2 Das Öl in einer Pfanne bei mittlerer Hitze erwärmen, Zwiebel zugeben und 5 Minuten glasig dünsten. Tomatensauce zugießen, erwärmen und die Mischung über die Bohnen geben.

3 Die Bohnen unter Rühren zum Kochen bringen. Die Hitze reduzieren und 10 Minuten köcheln lassen. Sobald die Sauce etwas reduziert und angedickt ist, den Topf vom Herd nehmen.

4 Die Bohnen mit Salz und Pfeffer abschmecken und in eine Servierschale geben. Heiß servieren.

# Ägyptische braune Bohnen

**Für 4–6 Personen als Bestandteil einer Meze-Platte**

**Zutaten**

- 300 g getrocknete Ful Medames (ägyptische braune Bohnen), mindestens 12 Stunden mit 1 EL Natron in kaltem Wasser eingeweicht
- 2 EL Olivenöl
- 1 Zwiebel, fein gehackt
- 1 große Knoblauchzehe, mit 1 TL Salz im Mörser zu einer Paste zerdrückt
- 1 große Tomate, entkernt und fein gehackt
- Salz und Pfeffer

ZUM SERVIEREN

- 1 frische rote Chili, entkernt und fein gehackt oder 1/2 TL gehackte getrocknete Chili (nach Belieben)
- 1 Zitrone, halbiert
- natives Olivenöl extra
- warmes Fladen- oder Pita-Brot

1 Die Bohnen abgießen und gut abspülen. In einen großen Topf geben, mit Wasser bedecken und zum Kochen bringen. 10 Minuten kochen lassen und dabei den entstehenden Schaum abschöpfen. Die Hitze auf niedrigste Stufe reduzieren und mindestens 2 Stunden leise köcheln lassen, bis die Bohnen weich sind und sich gut zerdrücken lassen. Nach Bedarf noch Wasser zugeben. Die Bohnen abgießen und dabei das Kochwasser auffangen.

2 Das Öl in einer Pfanne erhitzen und die Zwiebel darin bei mittlerer Hitze 5 Minuten weich dünsten. Mit einem Schaumlöffel die Hälfte der Bohnen in die Pfanne geben, etwas zerdrücken und anbraten. Die restlichen Bohnen und Tomate zufügen, verrühren und erhitzen. Mit Salz und Pfeffer abschmecken. Falls die Masse zu fest ist, noch etwas aufbewahrtes Kochwasser zugeben und verrühren, bis die gewünschte Konsistenz erreicht ist.

3 Die Bohnenmasse in eine Servierschüssel füllen. Mit gehackter Chili bestreuen, mit Zitronensaft abschmecken und mit Olivenöl beträufeln. Mit Fladenbrot servieren.

# Kidneybohnen-Risotto

**Für 4 Personen**

**Zutaten**

- 4 EL natives Olivenöl extra
- 1 Zwiebel, gehackt
- 2 Knoblauchzehen, fein gehackt
- 175 g Naturreis
- 600 ml Gemüsebrühe
- Salz und Pfeffer
- 1 rote Paprika, gehackt
- 2 Selleriestangen, in Ringen
- 250 g Champignons, in dünnen Scheiben
- 450 g rote Kidneybohnen aus der Dose, abgetropft und abgespült
- 3 EL frisch gehackte Petersilie, plus etwas mehr zum Garnieren
- 50 g Cashewkerne

1 Die Hälfte des Öls in einem großen Topf erhitzen. Die Zwiebel darin unter gelegentlichem Rühren 5 Minuten weich dünsten. Die Hälfte des Knoblauchs zufügen und 2 Minuten mitdünsten. Den Reis zugeben und etwa 1 Minute glasig dünsten.

2 Die Brühe mit einer Prise Salz in den Topf geben und unter Rühren aufkochen. Die Hitze reduzieren und den Reis unter ständigem Rühren 30–40 Minuten kochen, bis er die gesamte Brühe aufgesogen hat.

3 Unterdessen das restliche Öl in einer großen Pfanne erhitzen. Paprika und Sellerie darin unter Rühren 5 Minuten dünsten. Dann die Champignons und den restlichen Knoblauch zufügen und alles 4–5 Minuten dünsten.

4 Den fertig gegarten Reis in die Pfanne geben, Kidneybohnen, Petersilie und Cashewkerne zufügen und mit Salz und Pfeffer abschmecken. Die Mischung gut erhitzen, dann das fertige Gericht in eine vorgewärmte Servierschüssel füllen, mit Petersilie garnieren und sofort servieren.

# Salat mit grünen Bohnen & Feta

**Für 4 Personen**

**Zutaten**

- 350 g grüne Bohnen, Spitzen und Stielansätze entfernt
- 1 rote Zwiebel, gehackt
- 3–4 EL frisch gehackter Koriander
- 2 Radieschen, in dünne Scheiben geschnitten
- 75 g Feta, zerkrümelt
- 1 TL frisch gehackter oder 1/2 TL getrockneter Oregano
- Pfeffer
- 2 EL Rotwein- oder Obstessig
- 80 ml Olivenöl
- 10 Kirschtomaten, geviertelt

1 Einen Dampfkochtopf 5 cm hoch mit Wasser füllen. Das Wasser zum Kochen bringen. Die Bohnen in den Gareinsatz geben, abdecken und etwa 5 Minuten weich dünsten.

2 Bohnen, Zwiebel, Koriander, Radieschen und Feta in eine Schüssel geben. Oregano und Pfeffer zugeben, Essig und Öl vermengen, über die Bohnenmischung gießen und unterrühren.

3 Den fertigen Salat auf einer Servierplatte anrichten. Mit den Tomatenspalten umlegen und sofort servieren oder bis zum Verzehr kalt stellen.

# Chinesische Sesamnudeln

**Für 4 Personen**

**Zutaten**

- 500 g chinesische Eiernudeln
- 3 EL Sonnenblumenöl
- 2 EL Sesamöl
- 1 Knoblauchzehe, zerdrückt
- 1 EL glatte Erdnussbutter
- 1 kleine frische grüne Chili, entkernt und sehr fein gehackt
- 3 EL geröstete Sesamsaat
- 4 EL helle Sojasauce
- 1/2 EL Limettensaft
- 4 EL frisch gehackter Koriander
- Salz und Pfeffer

1 Die Nudeln in kochendes Wasser geben und den Topf sofort vom Herd nehmen. Abdecken und 6 Minuten ziehen lassen. Die Nudeln abgießen und beiseitestellen. (Wahlweise die Nudeln nach Packungsanleitung zubereiten.)

2 In der Zwischenzeit für das Dressing Sonnenblumen- und Sesamöl, Knoblauch und Erdnussbutter in einer Schüssel glatt rühren.

3 Chili, Sesamsaat und Sojasauce zugeben und verrühren. Mit Limettensaft, Salz und Pfeffer abschmecken und nochmals gut verrühren.

4 Die Nudeln in eine vorgewärmte Servierschüssel geben. Die Sauce zugießen, Koriander zufügen und gut vermengen. Heiß servieren.

# Pasta mit Basilikumpesto

**Für 4 Personen**

**Zutaten**

- 500 g Tagliatelle
- frische Basilikumzweige, zum Garnieren

PESTO

- 2 Knoblauchzehen
- 25 g Pinienkerne
- Salz
- 120 g frische Basilikumblätter
- 50 g frisch geriebener Parmesan
- 125 ml Olivenöl

1 Für den Pesto Knoblauch, Pinienkerne, 1 große Prise Salz und Basilikum in einem Mörser zerreiben. Die Paste in eine Schüssel geben und mit einem Holzlöffel erst langsam den Parmesan und dann das Olivenöl einarbeiten, um eine dicke, cremige Sauce zu erhalten. Abschmecken und bei Bedarf nachsalzen.

2 Alternativ Knoblauch, Pinienkerne und Salz in den Mixer geben und kurz pürieren. Die Basilikumblätter zugeben und zu einer Paste vermixen. Bei noch laufendem Gerät langsam das Olivenöl zufügen. Die Mischung dann in eine Rührschüssel umfüllen und den Parmesan unterrühren.

3 Leicht gesalzenes Wasser in einem Topf aufkochen und die Nudeln darin 8–10 Minuten al dente kochen. Das Wasser abgießen, die Nudeln gut abtropfen lassen und wieder in den Topf geben. Mit der Hälfte des Pestos vermengen. Auf vorgewärmte Teller verteilen und den restlichen Pesto über die Nudeln löffeln. Mit Basilikumzweigen garnieren und sofort servieren.

# Käse-Nuss-Braten

**Für 6–8 Personen**

**Zutaten**

- 2 EL natives Olivenöl extra, plus etwas mehr zum Einfetten
- 2 Zwiebeln, eine fein gehackt, die andere in dünne Spalten geschnitten
- 3–5 Knoblauchzehen, zerdrückt
- 2 Selleriestangen, in dünnen Ringen
- 175 g Maronen, gekocht und geschält
- 175 g gemischte Nüsse, gehackt
- 50 g gemahlene Mandeln
- 50 g frische Vollkorn-Semmelbrösel
- 250 g Blauschimmelkäse, zerkrümelt
- 1 EL frisch gehacktes Basilikum, plus einige Zweige zum Garnieren
- 1 Ei, leicht verquirlt
- Salz und Pfeffer
- 1 rote Paprika, gegrillt, gehäutet und in dünne Streifen geschnitten
- 1 kleine Zucchini (etwa 120 g), in Scheiben geschnitten

ZUM SERVIEREN

- Tomatensauce (s. S. 37) oder eine andere Sauce nach Wahl
- gegarte Prinzessbohnen

1 Die Hälfte des Öls in einer Pfanne auf mittlerer Stufe erhitzen. Gehackte Zwiebel, 1–2 Knoblauchzehen und Sellerie zugeben und unter Rühren 5 Minuten anbraten.

2 Vom Herd nehmen, in einem Sieb abtropfen lassen und zusammen mit Maronen, Nüssen, Mandeln, Semmelbröseln, der Hälfte des Käses und Basilikum in einen Mixer geben. Auf hoher Stufe kurz mixen. Das Ei zugeben und bei geringer Stufe noch einmal mixen, bis eine feste Masse entsteht. Mit Salz und Pfeffer würzen.

3 Das restliche Öl in einer Pfanne auf mittlerer Stufe erhitzen. Zwiebelspalten, restlichen Knoblauch, Paprika und Zucchini zufügen und unter Rühren 5 Minuten anbraten. Vom Herd nehmen, mit Salz und Pfeffer abschmecken und in einem Sieb abtropfen lassen.

4 Den Backofen auf 180 °C vorheizen. Die Hälfte der Nusspaste in eine eingefettete Kastenform geben und glatt streichen. Mit der Zwiebel-Paprika-Mischung bedecken und mit dem restlichen Käse bestreuen. Die restliche Nusspaste darüber verteilen und fest andrücken.

5 Mit Alufolie abdecken und 45 Minuten im Ofen backen. Die Folie entfernen und weitere 25–35 Minuten backen, bis der Nussbraten gar und fest ist.

6 Aus dem Ofen nehmen, 5 Minuten abkühlen lassen und auf eine Servierplatte stürzen. In Scheiben schneiden und mit Sauce und grünen Bohnen servieren.

# Cashewkern-Paella

**Für 4–6 Personen**

**Zutaten**

- 1 EL Butter
- 2 EL natives Olivenöl extra
- 1 rote Zwiebel, gehackt
- 250 g Paella-Reis
- 1 TL Kurkuma
- 1 TL gemahlener Kreuzkümmel
- 1/2 TL Chilipulver
- 3 Knoblauchzehen, zerdrückt
- 1 frische grüne Chili, in Ringen
- 1 grüne Paprika, gewürfelt
- 1 rote Paprika, gewürfelt
- 80 g Babymaiskolben, längs halbiert
- 2 EL schwarze Oliven, entsteint
- 1 große Tomate, entkernt und gewürfelt
- 500 ml Gemüsebrühe
- 50 g Cashewkerne
- 50 g Erbsen, Tiefkühlware aufgetaut
- Salz und Pfeffer
- 2 EL frisch gehackte Petersilie
- 1 Prise Cayenne-Pfeffer
- frische Petersilienzweige, zum Garnieren

1 Die Butter mit dem Öl in einer Paella-Pfanne oder einer anderen großen, flachen Pfanne bei mittlerer Hitze zerlassen. Die Zwiebel darin 2–3 Minuten unter Rühren weich dünsten.

2 Reis, Kurkuma, Kreuzkümmel, Chilipulver, Knoblauch, Chili, Paprika, Mais, Oliven und Tomate zugeben und 1–2 Minuten mitbraten. Dann die Brühe zugießen und aufkochen. Die Hitze reduzieren und alles unter Rühren 20 Minuten köcheln lassen.

3 Cashewkerne und Erbsen zugeben und unter gelegentlichem Rühren 5 Minuten mitkochen. Anschließend alles mit Salz und Pfeffer abschmecken und mit Petersilie und Cayenne-Pfeffer bestreuen. Die fertige Paella auf vorgewärmte Teller verteilen, mit Petersilienzweigen garnieren und sofort servieren.

# Walnuss-Roquefort-Törtchen

**Ergibt 12 Stück**

**Zutaten**

- 100 g kalte Butter, gewürfelt, plus etwas mehr zum Einfetten
- 250 g Mehl, plus etwas mehr zum Bestäuben
- 1 Prise Selleriesalz
- 40 g Walnüsse, fein gehackt
- kaltes Wasser

FÜLLUNG

- 2 EL Butter
- 2 Selleriestangen, fein gehackt
- 1 Porreestange, fein gehackt
- 250 g Crème fraîche
- 200 g Roquefort, zerbröckelt
- Salz und Pfeffer
- 3 Eigelb
- frisch gehackte Petersilie, zum Garnieren

1 Eine Backform für 12 Muffins (7,5 cm Ø) einfetten. Mehl, Salz und Butter zu Krümeln verreiben. Walnüsse und so viel Wasser zugeben, bis ein geschmeidiger Teig entsteht. Den Teig halbieren und eine Hälfte auf einer bemehlten Arbeitsfläche ausrollen. 6 Kreise (9 cm Ø) daraus ausschneiden. Die Kreise weiter ausrollen (12 cm Ø), in 6 Mulden der Form legen und gut andrücken. Mit der anderen Hälfte des Teigs ebenso verfahren. Alle Mulden mit Backpapier auslegen, Backbohnen einfüllen und den Teig für 30 Minuten in den Kühlschrank stellen. Den Backofen auf 200 °C vorheizen.

2 Die Teigböden 10 Minuten blindbacken. Dann die Bohnen und das Backpapier entfernen.

3 Für die Füllung Butter in einer Pfanne zerlassen und darin Sellerie und Porree 15 Minuten weich dünsten. Dann 2 Esslöffel Crème fraîche und den Käse zugeben. Das Ganze gut verrühren und mit Salz und Pfeffer würzen. Die restliche Crème fraîche in einem Topf erhitzen und das Eigelb unter Rühren hineingeben. Die Käse-Gemüse-Mischung unterrühren. Die Füllung auf die Mulden verteilen und etwa 15 Minuten backen. Die Form nach 10 Minuten drehen und weitere 5 Minuten backen. Die Törtchen 5 Minuten in der Form auskühlen lassen. Mit Petersilie bestreuen.

5

# Kohl- & Blattgemüse

Selbst im Winter brauchen Sie auf Salate nicht zu verzichten, auch wenn die zarten Blattsalate nicht in dieser Jahreszeit wachsen. Dieses Kapitel wird Ihnen Anregungen für Salatrezepte geben, die Sie zu jeder Jahreszeit genießen können. Ebenso werden Ihnen tolle Rezepte für das oft stiefmütterlich behandelte Kohlgemüse vorgestellt. Ob als Püree, gebacken oder pfannengerührt, es wird Ihre Familie und Freunde begeistern. Stellen Sie sicher, dass Sie genug Nachschlag haben!

# Einführung zu Kohl- & Blattgemüse

Diese große Gemüsegruppe enthält einige alte Bekannte wie Brokkoli, Kohl und Blumenkohl, aber auch einige Exoten wie Pak-Choi-Kohl. Bis vor einiger Zeit wurde dieses Gemüse oftmals zerkocht und schmeckte dementsprechend fad. Richtig gegart ist es nicht nur köstlich, sondern behält auch seine wertvollen Nährstoffe.

**Kohl**

*Die vielfältigen Kohlgemüsearten sind sehr gesund und sollten mindestens 3–4-mal pro Woche auf Ihrem Speiseplan stehen. Sie enthalten viele sekundäre Pflanzenstoffe, die die körpereigene Abwehr stärken und sich sehr positiv auf die Körperfunktionen auswirken. Kohl sollte nicht zerkocht werden, da dies sowohl seine Nährstoffe als auch seinen Geschmack beeinträchtigt. Aus diesem Grund ist das Dampfgaren oder Pfannenrühren von Kohl dem Kochen vorzuziehen. Der leicht bittere Geschmack von Kohl schreckt oft ab. Wenn Sie ihn mit einer Käse- oder Sahnesauce servieren, werden die Bitterstoffe leicht abgeschwächt. Kohl eignet sich auch hervorragend für asiatische Gerichte.*

*Blumenkohl*

Blumenkohl gibt es in verschiedenen Farben: Weiß, Grün und Rot. Achten Sie darauf, dass die grünen äußeren Blätter sich fest um den Kohlkopf legen und nicht welk aussehen.

*Brokkoli*

Es gibt zwei Sorten von Brokkoli, wobei der violette mit eher schmalem Stamm der ursprünglichere ist. Der Calabrese hat einen etwas dickeren Stamm und einen sehr festen Kopf. Achten Sie beim Kauf darauf, dass der Brokkoli dunkelgrüne bis violettfarbene Röschen hat. Kaufen Sie niemals Ware mit gelben Flecken und welken Blättern. Servieren Sie nicht nur die Röschen, sondern auch den Stamm, denn dieser enthält viele Nährstoffe. Der Stamm kann roh in Salate gerieben oder in Stifte geschnitten werden.

*Andere Kohlsorten*

Wenn Kohl bissfest gegart als Salat zubereitet wird, schmeckt er einfach köstlich. Das Kohlangebot reicht von Wirsing bis zu den festen weißen und roten Sorten. Wenn Sie etwas Essig in das Kochwasser von Rotkohl geben, behält er seine schöne Farbe. Chinakohl schmeckt etwas milder und eignet sich gut für Salate und auch für Pfannengerührtes.

*Rosenkohl*

Rosenkohl ähnelt kleinen Kohlköpfen und hat ein nussiges, leicht bitteres Aroma. Er schmeckt etwas süßer, wenn er nach dem ersten Frost geerntet wurde. Kochen Sie Rosenkohl leicht bissfest. Er eignet sich auch sehr gut zum Pfannenrühren.

## Blattgemüse

*Ernährungsexperten empfehlen den regelmäßigen Verzehr von Blattgemüse. Essen Sie regelmäßig Spinat, Pak Choi und Mangold, und Ihr Körper wird es Ihnen danken. Blattgemüse schmeckt am besten gedämpft oder pfannengerührt. Es passt gut zu asiatischen Speisen, die Ingwer, Knoblauch, Chili und Sojasauce enthalten.*

*Mangold*
Achten Sie beim Kauf darauf, dass der Mangold dunkelgrüne Blätter und einen weißen oder roten Stängel hat. Da der Stängel eine längere Garzeit als die Blätter braucht, sollte er abgeschnitten und separat etwas länger gegart werden. Es gibt viele verschiedene Mangoldsorten mit eigenem, intensivem Geschmack.

*Pak Choi*
Pak Choi hat hellgrüne Blätter und feste, weiße Stängel. Er schmeckt sehr mild, deshalb ist er bei Kindern sehr beliebt. Er kann pfannengerührt und in Suppen, Nudelgerichten und Salaten verarbeitet werden. Die Stängel brauchen eine etwas längere Garzeit als die Blätter.

*Spinat*
Spinat enthält zwar Eisen, aber nicht in so großer Menge, wie man früher irrtümlich annahm. Auch ist das in ihm enthaltene Eisen nicht leicht im Körper aufzuspalten. Kombiniert man Spinat mit Vitamin-C-haltigen Lebensmitteln, kann der Körper das Eisen leichter aufnehmen. Am gesündesten ist es, junge Spinatblätter roh als Salat zu verzehren.

## Salat

*Salate sind sehr variantenreich, und es gibt sie in vielen Farben, Formen und Aromen – vom etwas bitteren Endiviensalat über leicht scharfen Rucola bis zu mildem Kopfsalat. Mischen Sie lieber Ihre eigenen Sorten, und kaufen Sie keinen fertigen Salatmix im Supermarkt, da dieser schon viele Nährstoffe eingebüßt hat und sich nicht mehr lange lagern lässt.*

*Blattsalate*
Die gängigsten Sorten sind Kopfsalat, Romana, Frisée, Endivien- und Eisbergsalat sowie die roten Sorten Lollo rosso und Radicchio. Kopfsalat enthält viel Eisen, Calcium, Vitamin A und D, jedoch kaum Kalorien und Fett. Die äußeren, dunkleren Blätter enthalten mehr Nährstoffe als die inneren. Salat wird meist roh gegessen, kann aber auch gedünstet, gedämpft und in Suppen verkocht werden.

*Weitere Salatsorten*
Brunnenkresse, Mizuna und Postelein haben einen sehr intensiven Geschmack und sind leicht bitter oder sogar etwas scharf. Sie geben Speisen ein unvergleichliches Aroma und können gut mit anderen Salatsorten gemischt werden.

# Brokkoli-Käse-Suppe

**Für 6 Personen**

**Zutaten**

- 25 g Butter
- 1 Zwiebel, fein gehackt
- 2 TL frisch gehackter Estragon, plus etwas mehr zum Garnieren
- 500 g Kartoffeln, geschält und gerieben
- Salz und Pfeffer
- 1,7 l Gemüsebrühe (s. S. 36)
- 700 g Brokkoli, in Röschen zerteilt
- 175 g Emmentaler, gerieben
- 1 EL frisch gehackte Petersilie

1 Die Butter in einem großen Topf zerlassen und die Zwiebel darin 5 Minuten weich dünsten. Estragon und geriebene Kartoffeln zugeben, mit Salz und Pfeffer würzen und unter Rühren anbraten. So viel Brühe zugießen, dass die Kartoffeln gerade bedeckt sind, und zum Kochen bringen. Die Hitze reduzieren, den Topf abdecken und alles 10 Minuten köcheln lassen.

2 In der Zwischenzeit die restliche Brühe in einem weiteren Topf zum Kochen bringen. Den Brokkoli zugeben und 8 Minuten kochen, bis er bissfest ist.

3 Beide Töpfe vom Herd nehmen und leicht abkühlen lassen. Den Inhalt von beiden Töpfen in eine Küchenmaschine geben und glatt pürieren. In einen sauberen Topf geben, Käse und Petersilie einrühren und kurz erwärmen, aber nicht mehr kochen. In vorgewärmte Suppenschalen füllen, mit Estragon garnieren und sofort servieren.

# Bohnen-Kohl-Suppe

**Für 6 Personen**

**Zutaten**

- 200 g getrocknete Canellini-Bohnen, über Nacht in kaltem Wasser eingeweicht
- 3 EL Olivenöl
- 2 rote Zwiebeln, grob gehackt
- 4 Karotten, in Scheiben geschnitten
- 4 Selleriestangen, gehackt
- 4 Knoblauchzehen, gehackt
- 600 ml Wasser oder Gemüsebrühe (s. S. 36)
- 400 g Tomatenstücke aus der Dose
- 2 EL frisch gehackte glatte Petersilie
- Salz und Pfeffer
- 500 g Cavolo nero (Schwarzkohl) oder Wirsing, in Streifen geschnitten
- 1 altbackene kleine Ciabatta oder Baguette, in Stücke zerteilt
- natives Olivenöl extra, zum Servieren

1 Die Bohnen abgießen, abspülen und in einen großen Topf geben. Mit reichlich kaltem Wasser bedecken, zum Kochen bringen und den entstehenden Schaum mit einem Schaumlöffel abschöpfen. Die Hitze reduzieren und 1–1 1/2 Stunden köcheln lassen, bis die Bohnen weich sind. Bei Bedarf mehr Wasser zugießen.

2 In der Zwischenzeit das Öl in einem großen Topf erhitzen und Zwiebeln, Karotten und Sellerie darin bei mittlerer Hitze 10–15 Minuten unter Rühren weich dünsten. Knoblauch zugeben und weitere 1–2 Minuten dünsten.

3 Die Bohnen abgießen und das Kochwasser auffangen. Die Hälfte der Bohnen, Gemüsebrühe, Tomaten und Petersilie in die Gemüsemischung geben und verrühren. Mit Salz und Pfeffer würzen. Zum Kochen bringen und unter gelegentlichem Rühren 30 Minuten köcheln lassen. Den Schwarzkohl zugeben und weitere 15 Minuten unter Rühren köcheln lassen.

4 Die restlichen Bohnen mit etwas von dem zurückbehaltenen Kochwasser in einen Mixer oder eine Küchenmaschine geben und glatt pürieren. Zusammen mit dem Brot in die Suppe rühren. Es sollte eine dicke Suppe entstehen. Falls Sie eine dünnere Konsistenz wünschen, dann rühren Sie noch etwas von dem zurückbehaltenen Kochwasser ein. Noch einmal aufkochen und vom Herd nehmen.

5 Auf Suppentellern anrichten und mit Olivenöl beträufeln. Heiß servieren.

# Feta-Spinat-Ecken

**Ergibt 12 Stück**

**Zutaten**

- 12 Blätter Filo-Teig (30 x 23 cm)
- 200 g Butter, zerlassen und etwas abgekühlt

FÜLLUNG

- 250 g kleine Spinatblätter, kurz gedünstet
- 2 EL Olivenöl, plus etwas mehr zum Einfetten
- 4 Frühlingszwiebeln, fein gehackt
- 1 kleine Knoblauchzehe, zerdrückt
- 2 EL frisch gehackter Dill
- 125 g Feta, abgetropft und zerkrümelt
- 1 großes Ei, verquirlt
- 1/4 TL geriebene Muskatnuss
- 2 EL geröstete Pinienkerne (nach Belieben)
- 2 EL Rosinen (nach Belieben)
- Salz und Pfeffer

1 Für die Füllung den Spinat in eine große Schüssel geben und beiseitestellen. Das Öl in einer großen Pfanne erhitzen und die Frühlingszwiebeln darin bei mittlerer Hitze 1 Minute dünsten. Den Knoblauch zufügen und unter Rühren 1–2 weitere Minuten dünsten, bis die Frühlingszwiebeln weich sind. Zum Spinat geben. Dill, Feta, Ei, Muskatnuss, Pinienkerne und Rosinen zugeben und verrühren. Mit Salz und Pfeffer abschmecken. (Die Füllung ist relativ flüssig.)

2 Den Backofen auf 190 °C vorheizen. 1–2 Backbleche mit etwas Öl einpinseln. Ein Blatt von dem Filo-Teig auf die Arbeitsfläche legen und mit der zerlassenen Butter einpinseln. Ein weiteres Blatt darauflegen und mit Butter bepinseln, mit einem dritten Blatt bedecken und dieses ebenfalls mit Butter bepinseln. Die übereinandergelegten Blätter der Länge nach in 7 cm breite Streifen schneiden. Den Vorgang mit den übrigen Filo-Teigblättern wiederholen. (Ergibt insgesamt 12 Streifen.) Einen Streifen nehmen und die restlichen mit einem feuchten Tuch abdecken.

3 Die Füllung noch einmal durchrühren und 1 Esslöffel davon auf die linke untere Ecke eines Teigstreifens legen. Den restlichen Teil des Streifens diagonal darüberlegen. Den Teigstreifen mit Füllung dann so falten, dass ein gut verschlossenes Dreieck entsteht. Das letzte Stück des Teigstreifens mit etwas Wasser anfeuchten und an das Dreieck drücken, um es zu verschließen. Auf das Backblech legen und mit Butter bepinseln. Den Vorgang mit allen Teigstreifen wiederholen.

4 Im Ofen 12–15 Minuten goldbraun und knusprig backen. Heiß oder warm servieren.

# Asiatischer Blumenkohl-Brokkoli-Salat

**Für 4 Personen**

**Zutaten**

- 2 EL Erdnuss- oder Pflanzenöl
- 2 rote Zwiebeln, in Spalten geschnitten
- 1 kleiner Blumenkohl, in Röschen zerteilt
- 1 kleiner Brokkoli, in Röschen zerteilt
- 2 EL gelbe oder rote Currypaste
- 400 ml Kokosmilch
- 1 TL Sojasauce
- 1 TL Palmzucker
- 1 TL Salz
- 80 g ungesalzene Cashewkerne
- 1 Handvoll Koriander, fein gehackt, plus etwas mehr zum Garnieren

1 Das Öl in einem Wok erhitzen und die Zwiebeln darin bei mittlerer Hitze 3–4 Minuten dünsten, bis sie zu bräunen beginnen. Blumenkohl und Brokkoli zugeben und 1–2 Minuten pfannenrühren. Die Currypaste einrühren und 30 Sekunden anbraten. Mit Kokosmilch ablöschen und mit Sojasauce, Palmzucker und Salz würzen. Unter Rühren zum Kochen bringen, die Hitze reduzieren und 3–4 Minuten köcheln lassen, bis das Gemüse bissfest gegart ist.

2 In der Zwischenzeit eine Pfanne erhitzen und die Cashewnüsse darin 2–3 Minuten goldbraun rösten. Dabei die Pfanne schwenken, damit die Nüsse nicht anbrennen. Zum Gemüse in den Wok geben, den Koriander zufügen und gut verrühren. Mit Koriander garnieren und sofort servieren.

# Spinat-Lasagne

**Für 4 Personen**

**Zutaten**

- 120 g Butter, plus etwas mehr zum Einfetten
- 2 Knoblauchzehen, fein gehackt
- 120 g Schalotten, fein gehackt
- 250 g Pfifferlinge oder Champignons, in Scheiben geschnitten
- 450 g Spinat, geputzt, gedünstet, abgetropft und grob gehackt
- 250 g Emmentaler, gerieben
- 1/4 TL geriebene Muskatnuss
- 1 TL frisch gehacktes Basilikum
- 6 EL Mehl
- 600 ml heiße Milch
- 50 g Edamer oder mittelalter Gouda, gerieben
- 8 Lasagneblätter
- Salz und Pfeffer

1 Eine nicht zu tiefe rechteckige Auflaufform mit etwas Butter einfetten.

2 Etwa die Hälfte der Butter in einer großen Pfanne zerlassen und Knoblauch, Schalotten und Pilze bei niedriger Hitze 3 Minuten anschwitzen.

3 Spinat, Emmentaler, Muskatnuss und Basilikum zugeben und verrühren. Mit Salz und Pfeffer würzen, vom Herd nehmen und beiseitestellen.

4 Den Backofen auf 200 °C vorheizen. Die restliche Butter in einem Topf bei niedriger Hitze zerlassen. Das Mehl zufügen und 1 Minute unter Rühren anschwitzen. Nach und nach und unter Rühren die Milch zugeben, bis eine glatte, dicke Sauce entsteht. Die Pfanne vom Herd nehmen und die Hälfte des Edamers einrühren. Mit Salz und Pfeffer würzen.

5 Die Hälfte der Pilz-Spinat-Mischung auf den Boden der Auflaufform verteilen und mit der Hälfte der Lasagne-Blätter bedecken. Die Hälfte der Milch-Käse-Mischung darübergeben. Den Vorgang wiederholen, bis die Zutaten aufgebraucht sind, und mit dem restlichen Edamer bestreuen.

6 Im Ofen etwa 30 Minuten goldbraun backen. Aus dem Ofen nehmen und kurz abkühlen lassen. In Portionsstücke schneiden und heiß servieren.

# Kohlrouladen

**Für 4 Personen**

**Zutaten**

- 8 große oder 12 mittlere grüne Kohlblätter
- 1 l Wasser
- 100 g Perlgraupen
- 2 EL frisch gehackte Petersilie
- 2 Knoblauchzehen, grob gehackt
- 800 g Tomatenstücke aus der Dose
- 4 EL Rotweinessig
- 1 EL Sonnenblumen- oder Maiskeimöl, plus etwas mehr zum Einfetten
- 2 Zucchini, in Scheiben geschnitten
- 3 Frühlingszwiebeln, in Scheiben geschnitten
- 2 EL brauner Zucker
- Salz und Pfeffer

1 Die Kohlblätter in einen großen Topf mit kochendem Wasser geben und 1 Minute blanchieren. Kurz in eiskaltes Wasser tauchen und gut abtropfen lassen. Die harten Strünke herausschneiden. In einem Topf das abgemessene Wasser zum Kochen bringen. Graupen und die Hälfte der Petersilie zugeben und den Topf abdecken. Unter gelegentlichem Rühren etwa 45 Minuten köcheln lassen, bis die Graupen das Wasser aufgesogen haben.

2 Den Backofen auf 190 °C vorheizen. In der Zwischenzeit Knoblauch, die Hälfte der Tomaten und den Essig mit dem Pürierstab oder in der Küchenmaschine glatt mixen. In eine Schüssel geben und beiseitestellen. Das Öl in einer Pfanne erhitzen und Zucchini und restliche Petersilie 3 Minuten unter Rühren dünsten. Frühlingszwiebeln zufügen und 1 weitere Minute anbraten. Die Tomatenmischung zugeben, gut verrühren und 10 Minuten köcheln lassen, bis die Sauce andickt. In eine große Schüssel füllen.

3 Die gegarten Graupen zugeben, verrühren und mit Salz und Pfeffer abschmecken. Eine Auflaufform mit etwas Öl einpinseln. Jeweils 1 Esslöffel von der Füllung auf den Kohlblättern platzieren, die Seiten über der Füllung einschlagen und die Blätter zu Päckchen aufrollen. Mit den Nahtseiten nach unten nebeneinander in die Auflaufform legen. Mit dem Zucker bestreuen und die restlichen Tomaten darauf verteilen. Mit Alufolie abdecken und 30 Minuten im Ofen backen, bis der Kohl ganz zart geworden ist. Kurz abkühlen lassen und direkt aus der Form servieren.

# Blumenkohl-Brokkoli-Tarte

**Für 4 Personen**

**Zutaten**

TEIG

- 175 g Mehl
- 1 Prise Salz
- 1/2 TL Paprikapulver, plus etwas mehr zum Garnieren
- 1 TL getrockneter Thymian
- 6 EL Margarine, plus etwas mehr zum Einfetten
- 3 EL Wasser

FÜLLUNG

- 100 g Blumenkohlröschen
- 100 g Brokkoliröschen
- 1 Zwiebel, in Achtel geschnitten
- 2 EL Butter oder Margarine
- 1 EL Mehl
- 6 EL Gemüsebrühe
- 125 ml Milch
- 75 g geriebener Emmentaler oder Gouda
- Salz und Pfeffer

1 Den Backofen auf 190 °C vorheizen. Für den Teig Mehl und Salz in eine Schüssel sieben. Paprikapulver, Thymian und Margarine zugeben und gut vermengen. Wasser zugießen und zu einem Teig verkneten.

2 Den Teig auf einer bemehlten Arbeitsfläche ausrollen. Eine Tarte-Form mit etwas Butter einfetten und mit dem Teig auslegen. Den Teigboden mehrmals mit einer Gabel einstechen und mit Backpapier auslegen. Mit Backbohnen belegen und 15 Minuten im Ofen blindbacken. Backpapier und Bohnen entfernen und den Teigboden weitere 5 Minuten backen.

3 Für die Füllung Salzwasser in einem Topf zum Kochen bringen und Blumenkohl, Brokkoli und Zwiebel darin 10–12 Minuten garen. Abgießen und abtropfen lassen.

4 Die Butter in einem Topf zerlassen und das Mehl darin unter Rühren 1 Minute anschwitzen. Vom Herd nehmen und nach und nach unter Rühren Gemüsebrühe und Milch zugeben. Auf den Herd zurückstellen, zum Kochen bringen und etwa zwei Drittel von dem Käse einrühren. Vom Herd nehmen und mit Salz und Pfeffer abschmecken.

5 Das Gemüse auf dem Teigboden verteilen. Die Sauce darübergießen und mit dem restlichen Käse bestreuen. In den Ofen geben und 10 Minuten goldbraun backen. Mit etwas Paprikapulver bestreuen und sofort servieren.

# Blumenkohl-Auberginen-Curry

**Für 4–6 Personen**

**Zutaten**

- 80 g Cashewkerne
- 1/2 TL Knoblauch-Ingwer-Paste (erhältlich in Asia-Läden)
- 50 g Ghee (geklärte Butter) oder 4 EL Erdnussöl bzw. Pflanzenöl
- 1 große Zwiebel, gehackt
- 5 grüne Kardamomkapseln, leicht zerdrückt
- 1 Zimtstange, halbiert
- 1/4 TL geriebene Kurkuma
- 250 g Sahne oder Crème double
- 200 ml Wasser
- 150 g kleine Kartoffeln, geputzt und in Stücke geschnitten
- 150 g Blumenkohlröschen
- 1/2 TL Garam Masala
- 150 g Auberginen, in Stücke geschnitten
- 150 g grüne Bohnen, geputzt und in 1 cm lange Stücke geschnitten
- Salz und Pfeffer
- frisch gehackte Minze oder Koriander, zum Garnieren

1 Eine große Pfanne mit Deckel oder eine Kasserolle erhitzen und die Cashewkerne darin rösten, bis sie anfangen zu bräunen. Auf einen Teller geben und leicht abkühlen lassen.

2 Cashewkerne, Knoblauch-Ingwer-Paste und 1 Esslöffel Wasser in den Mixer geben und zu einer glatten Paste mixen.

3 Die Hälfte des Ghee in die Pfanne geben, bei mittlerer Hitze zerlassen und die Zwiebel darin goldbraun dünsten. Die Cashewpaste zugeben und unter Rühren kurz anbraten. Kardamom, Zimt und Kurkuma zufügen und verrühren. Mit Sahne und Wasser ablöschen und unter Rühren zum Kochen bringen. Die Hitze auf die niedrigste Stufe reduzieren, die Pfanne abdecken und 5 Minuten köcheln lassen.

4 Kartoffeln, Blumenkohl und Garam Masala einrühren, die Pfanne abdecken und 5 Minuten köcheln lassen. Auberginen und Bohnen einrühren und weitere 5 Minuten köcheln lassen, bis das Gemüse gar ist. Bei Bedarf zwischendurch Wasser zugießen, damit die Sauce nicht anbrennt.

5 Mit Salz und Pfeffer abschmecken, mit Minze bestreuen und servieren.

# Chili-Brokkoli-Nudeln

**Für 4 Personen**

**Zutaten**

- 250 g Penne oder andere Röhrennudeln
- 250 g Brokkoli, in Röschen zerteilt
- 50 ml natives Olivenöl extra
- 2 große Knoblauchzehen, gehackt
- 2 frische rote Chillies, entkernt und in Streifen geschnitten
- 8 Kirschtomaten (nach Belieben)
- frische Basilikumblätter oder frische Petersilie, zum Garnieren

1 In einem großen Topf leicht gesalzenes Wasser aufkochen und die Nudeln darin al dente garen. Abgießen, unter fließend kaltem Wasser abschrecken und gründlich abtropfen lassen. Beiseitestellen.

2 Den Brokkoli 5 Minuten in kochendem Salzwasser garen. Abgießen, unter fließend kaltem Wasser abschrecken und gut abtropfen lassen.

3 Das Olivenöl in einem Topf erhitzen. Knoblauch, Chillies und Tomaten, falls verwendet, zugeben und die Mischung bei starker Hitze 1 Minute kochen.

4 Den Brokkoli zur Knoblauchmischung in den Topf geben und verrühren. 2 Minuten kochen, bis er durchgewärmt ist. Die Nudeln zugeben und durchheben, dann alles 1 weitere Minute kochen.

5 Die Nudelmischung in eine Servierschüssel geben und mit Basilikum oder Petersilie garniert servieren.

# Spinat-Ricotta-Gnocchi

**Für 4–6 Personen**

**Zutaten**

- 1 EL Olivenöl
- 500 g junger Spinat
- 250 g Ricotta
- 120 g frisch geriebener Parmesan oder Pecorino, plus etwas mehr zum Servieren
- 2 Eier, leicht verquirlt
- 60 g Mehl, plus etwas mehr zum Bestäuben
- Salz und Pfeffer
- frisch geriebene Muskatnuss

SAUCE

- 2 EL Olivenöl
- 2 Schalotten, fein gehackt
- 1 Karotte, gewürfelt
- 2 Knoblauchzehen, zerdrückt
- 800 g Tomatenstücke aus der Dose
- 1 EL Tomatenmark
- 6 frische Basilikumblätter, zerzupft, plus einige Blätter mehr zum Garnieren

**1** Das Öl in einem großen Topf erhitzen. Den Spinat zugeben und abgedeckt 1–2 Minuten garen, bis er leicht zusammenfällt. Abtropfen, abkühlen lassen und gut ausdrücken.

**2** Den Spinat fein hacken und in einer Schüssel mit Ricotta, der Hälfte des Parmesan, Eiern und Mehl verrühren. Kräftig mit Salz, Pfeffer und Muskatnuss würzen. Abgedeckt für mindestens 1 Stunde in den Kühlschrank stellen.

**3** In der Zwischenzeit für die Sauce das Öl in einem Topf erhitzen. Schalotten, Karotte und Knoblauch zugeben und bei mittlerer Hitze etwa 3–4 Minuten weich dünsten. Tomaten und Tomatenmark zugeben und alles zum Kochen bringen. Die Hitze reduzieren und ohne Deckel 10–15 Minuten köcheln lassen, bis die Sauce eindickt. Mit Salz und Pfeffer abschmecken und die Basilikumblätter zugeben. Falls Sie die Sauce lieber glatt mögen, streichen Sie sie durch ein Sieb oder pürieren sie mit dem Pürierstab.

**4** Zum Formen der Gnocchi die Hände gründlich bemehlen. 1 Teelöffel der Spinatmischung in einer Handfläche zu einem Oval rollen und auf einen großen Bogen Backpapier setzen. Mit der restlichen Spinatmischung wiederholen.

**5** Wasser in einem großen Topf zum Kochen bringen. Die Gnocchi in kleinen Portionen hineingeben und 2–3 Minuten kochen, bis sie an die Oberfläche steigen. Mit einem Schaumlöffel herausheben und in einer vorgewärmten Schüssel warm halten, bis alle Gnocchi gekocht sind.

**6** Die Gnocchi auf die Teller verteilen und etwas Sauce darübergießen. Mit Basilikumblättern garnieren und mit Parmesan servieren.

# Pfannengerührter Kohl mit Walnüssen

**Für 4 Personen**

**Zutaten**

- 350 g Weißkohl
- 350 g Rotkohl
- 4 EL Erdnussöl
- 1 EL Walnussöl
- 2 Knoblauchzehen, zerdrückt
- 8 Frühlingszwiebeln, in Stücke geschnitten
- 250 g schnittfester Tofu, in Würfel geschnitten
- 2 EL Zitronensaft
- 100 g Walnüsse, halbiert
- 2 TL Dijon-Senf
- Salz und Pfeffer
- 2 TL Mohn, zum Garnieren

1 Mit einem scharfen Messer oder einem Gemüsehobel beide Kohlsorten in feine Streifen hobeln.

2 Erdnuss- und Walnussöl in einem Wok erhitzen. Knoblauch, Kohl, Frühlingszwiebeln und Tofu nacheinander in den Wok geben und etwa 5 Minuten pfannenrühren.

3 Zitronensaft, Walnüsse und Senf zugeben und verrühren.

4 Mit Salz und Pfeffer würzen und weitere 5 Minuten garen, bis der Kohl weich ist.

5 In eine vorgewärmte Servierschüssel füllen, mit Mohn bestreuen und sofort heiß servieren.

# Rosenkohl mit Maronen

**Für 4 Personen**

**Zutaten**

- 400 g Maronen
- Salz
- 600 g Rosenkohl
- 75 g Gänseschmalz
- 1 EL fein gehackter frischer Thymian

1 Die Maronen mit einem Messer am spitz zulaufenden Ende ringsum einschneiden. In einem Topf Salzwasser zum Kochen bringen. Die Maronen in den Topf geben und 3 Minuten garen. Abgießen und abtropfen lassen. So heiß wie möglich aus der Schale brechen, dabei auch die braune Haut entfernen.

2 Den Rosenkohl putzen und waschen. Einen Topf mit Salzwasser füllen, Rosenkohl und Maronen hineingeben und etwa 15 Minuten kochen. Dann abgießen und abtropfen lassen.

3 Das Gänseschmalz in einer Pfanne erhitzen. Rosenkohl, Maronen und Thymian zufügen und ein paar Minuten andünsten. In einer Schüssel anrichten und servieren.

# Zucchinisalat mit Minze

**Für 4 Personen**

**Zutaten**

- 2 Zucchini, in Stifte geschnitten
- 100 g grüne Bohnen, in Stücke geschnitten
- 1 grüne Paprika, in Streifen geschnitten
- 2 Selleriestangen, in feine Scheiben geschnitten
- 1 Bund Brunnenkresse

DRESSING

- 200 g Naturjoghurt
- 1 Knoblauchzehe, zerdrückt
- 2 EL frisch gehackte Minze
- Pfeffer

1 Salzwasser in einem Topf zum Kochen bringen, Zucchini und Bohnen zugeben und in 8 Minuten bissfest garen. Abgießen, unter fließend kaltem Wasser abschrecken, abtropfen und abkühlen lassen.

2 Zucchini, Bohnen, Paprika und Sellerie in eine große Schüssel geben und vermengen. Die Brunnenkresse auf dem Salat verteilen.

3 Für das Dressing alle Zutaten in einer Schüssel verrühren und über den Salat gießen. Sofort servieren.

# Pak Choi mit Cashewkernen

**Für 4 Personen**

**Zutaten**

- 2 EL Erdnussöl
- 2 rote Zwiebeln, in dünne Spalten geschnitten
- 175 g Rotkohl, in feine Streifen gehobelt
- 250 g Pak Choi, grob zerzupft
- 2 EL Pflaumensauce
- 100 g geröstete Cashewkerne

1 Das Öl in einem Wok erhitzen und die Zwiebeln darin goldbraun dünsten. Den Rotkohl zugeben und 2–3 Minuten pfannenrühren.

2 Die Pak-Choi-Blätter zufügen und weitere 5 Minuten pfannenrühren, bis die Blätter leicht zusammenfallen.

3 Die Pflaumensauce darübergießen, verrühren und alles aufkochen.

4 Die Cashewkerne zugeben, verrühren und auf vorgewärmte Servierschalen verteilen. Sofort servieren.

# Rotes Curry mit Blattgemüse

**Für 4 Personen**

**Zutaten**

- 2 EL Erdnuss- oder Pflanzenöl
- 2 Zwiebeln, in feine Ringe geschnitten
- 1 Bund grüner Spargel, nur die Spitzen
- 2 EL rote Currypaste
- 400 ml Kokosmilch
- 3 frische Kaffir-Limettenblätter
- 250 g junger Spinat, geputzt
- 2 Pak Choi, grob gehackt
- 1 kleiner Chinakohl, in Streifen geschnitten
- 1 Handvoll frische Korianderblätter, gehackt
- gegarter Reis, zum Servieren

1 Das Öl in einem Wok erhitzen, Zwiebeln und Spargelspitzen zugeben und bei mittlerer Hitze 1–2 Minuten pfannenrühren.

2 Die Currypaste zufügen und kurz anbraten. Mit der Kokosmilch ablöschen, Limettenblätter zugeben und unter Rühren zum Kochen bringen. Spinat, Pak Choi und Chinakohl zugeben und unter Rühren 2–3 Minuten kochen, bis sie leicht zusammenfallen. Koriander zufügen und gut verrühren. Sofort mit Reis servieren.

# Risotto mit Tomate & Rucola

**Für 4–6 Personen**

**Zutaten**

- 2 EL Olivenöl
- 2 EL Butter
- 1 große Zwiebel, fein gehackt
- 2 Knoblauchzehen, fein gehackt
- 350 g Arborio-Reis
- 125 ml trockener Wermut oder Weißwein
- 1,5 l heiße Gemüsebrühe (s. S. 36)
- 6 große, vollreife Tomaten, entkernt und gehackt
- 125 g Rucola, geputzt
- 1 Handvoll frische Basilikumblätter, gehackt
- 120 g frisch geriebener Parmesan
- 250 g Büffelmozzarella, in Würfel geschnitten
- Salz und Pfeffer

1 Öl und die Hälfte der Butter in einer großen Pfanne erhitzen und die Zwiebel darin weich dünsten. Knoblauch und Reis zugeben und unter Rühren 2–3 Minuten anschwitzen, bis der Reis glasig ist.

2 Mit dem Wermut ablöschen. Die Brühe schöpflöffelweise zugeben; dabei ständig rühren und weitere Brühe zugießen, sobald der Reis die vorangegangene Portion aufgesogen hat. Kurz bevor der Reis bissfest gegart ist, Tomaten, Rucola und Basilikum einrühren. Unter Rühren weitergaren, bis der Reis gar und cremig ist und die gesamte Brühe aufgenommen hat.

3 Den Topf vom Herd nehmen und die restliche Butter, Parmesan und Mozzarella einrühren. Mit Salz und Pfeffer würzen, den Topf abdecken und 1 Minute ziehen lassen. Sofort servieren, bevor der Mozzarella ganz geschmolzen ist.